급할 때 바로 찾아 쓰는

시원스쿨 **여행프랑스어**

S 시원스쿨닷컴

급할 때 바로 찾아 말하는

시원스쿨 **여행프랑스어**

초판 1쇄 발행 2016년 12월 15일
개정 2쇄 발행 2023년 11월 10일

지은이 시원스쿨어학연구소
펴낸곳 (주)에스제이더블유인터내셔널
펴낸이 양홍걸 이시원

홈페이지 www.siwonschool.com
주소 서울시 영등포구 국회대로74길 12 시원스쿨
교재 구입 문의 02)2014-8151
고객센터 02)6409-0878

ISBN 979-11-6150-746-0 13760
Number 1-521106-25252506-04

급할 때 바로 찾아 말하는

시원스쿨

여행
프랑스어

시원스쿨 여행 프랑스어는
다음과 같은 생각에서 만들었습니다.

「여행 프랑스어」책은 프랑스어를 배우는 책이 아니다!

프랑스어의 기본적인 원리를 익히려면 시간이 걸리는 것이 사실이다. 적게는 2개
월에서 많게는 1년 정도가 걸린다.

「여행 프랑스어」책에 프랑스어의 원리를 나열한다면 이 책의 두께
가 지금의 3배는 되어야 할 것이다.

현실적으로 들고 다닐 책으로는 적합하지 않게 된다.

그러면 여행까지 3개월 정도의 시간을 앞두고 있는 우리에게 현실적
으로 필요한 책은?

빨리 찾을 수 있는 책이어야 한다.

필요한 순간에 바로바로 눈에 문장들이 들어와야 한다.

이 책은 상황 → 단어 → 문장으로 연결된 국내 최초의 여행 프랑스어 책이다.

상황 속에 포함된 단어를 떠올리고 거기에

쓸 문장을 바로 찾을 수 있게 했다.

이 책의 유일한 목표는 빨리 찾아 말하게

하는 것이다.

시원스쿨 여행 프랑스어
100% 활용하는 법

색인 〈 미리 보는 여행 프랑스어 사전 〉

<u>단어와 문장만 순서대로 모아 놓은 색인,</u> 모든 상황의 핵심 회화 표현이 가나다 순서대로 모아져 있어 필요한 문장을 빠르게 찾을 수 있다.

Step 1 여행지에서 겪을 수 있는 **10가지** 상황과 **10개의 part**

Step 2 각 상황별로 필요한 단어의 사전식 구성

단어만 말해도 말이 통한다.

여행에서 필요한 단어는 뻔하게 정해져 있고 많지도 않다. 급하면 약간의 바디 랭귀지와 함께 <u>이 단어만 말해도 된다.</u>

Step 3 해당 단어의 번호를 따라 문장 찾기

급할 때 빨리 찾아 읽는다.

1. 각 단어 옆에 표기되어 있는 번호대로 옆 페이지를 따라가 보면 문장들을 찾을 수 있다. 언제 어디서든 필요한 문장들을 몇 초 안에 찾을 수 있다.

2. 여행에 필요한 상황은 총 10가지. 어떤 페이지를 펼치더라도 필요한 상황으로 빨리 넘어가도록 표시되어 있다.

할 말은 합시다!

여행하다 보면 어떤 곳을 가든 claim을 할 상황들이 생기게 마련이다. 이때 말이 안 통한다고 불이익을 당하기만 할 순 없는 법! 적절한 표현들을 에피소드로 엮어 재미있게 읽을 수 있다.

Step 4   실제로 듣고 말해서 실전 감각 익히기

문장 전체가 녹음되어 있는 MP3 파일을 통해 듣고 말하는 연습을 하여 실전 감각을 익힐 수 있다.

함께 활용하면 효과가 UP

시원스쿨 여행 프랑스어 부록

1. 도서 안의 모든 문장을 MP3 파일로 제공
2. 프랑스, 스위스, 벨기에 여행을 위한 여행 정보 수록
   프랑스어를 사용하는 국가인 유럽 2개국 스위스, 벨기에의 필수 여행 정보를 담고 있다.

> ※ MP3 파일은 http://france.siwonschool.com/에서
>   무료로 다운 받을 수 있습니다.

목차 CONTENTS

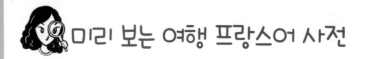

미리 보는 여행 프랑스어 사전

필요한 단어와 문장이 한글 순서로 제시되어 있다.
원하는 문장을 골라 뒤에서 찾아보자.

ㅊ

ㅎ

한국 요리 / nourriture coréenne

여권

■ 여권이란

여권은 소지자의 국적 등 신분을 증명하는 공문서의 일종으로, 1회에 한하여 외국 여행을 할 수 있는 단수 여권과 유효 기간 만료일까지 횟수에 제한 없이 외국 여행을 할 수 있는 복수 여권이 있다.

■ 전자 여권이란

전자 여권이란 여권 내에 칩과 안테나를 추가하고 개인 정보 및 바이오 인식 정보를 칩에 저장한 기계 판독식 여권을 말한다. 여권의 위 변조 및 여권 도용 방지를 위해 우리나라는 2008년부터 일반 여권을 전자 여권 형태로 발급하고 있다.

■ 여권 발급

1. 필요한 서류

여권 발급 신청서, 여권용 사진(6개월 이내 촬영한 사진) 1매, 신분증

> ※ 여권 사진 규정
> – 규격은 가로 3.5cm, 세로 4.5cm, 머리의 길이는 3.2~3.6cm
> – 6개월 이내 촬영한 사진이어야 하며, 정면을 응시하며 어깨까지 나와야 한다.
> – 뒤의 배경은 흰색이어야 한다.
> – 복사한 사진, 포토샵으로 수정된 사진은 사용할 수 없다.
> – 모자나 머플러 등의 액세서리는 착용해선 안 되고 안경 착용시 빛 반사에 유의해야 하며 컬러렌즈는 착용 불가하다.
> – 귀가 노출되어 얼굴 윤곽이 뚜렷이 드러나야 한다.
> – 유아의 경우도 성인 사진 규정과 동일하며, 장난감이나 보호자가 사진에 노출되지 않아야 한다.

2. 전자 여권 발급 수수료(58면 기준)

구분	유효 기간 및 조건		수수료
복수 여권	10년 이내(18세 이상)		53,000원
	5년	만8세 이상~18세 미만	45,000원
		만8세 미만	33,000원
단수 여권	1년 이내		20,000원

※ 자세한 사항은 외교부 홈페이지 참고

3. 접수처

시도구청 여권과에서 주소지와 상관없이 발급받을 수 있으며 기간은 신청일로부터 8~10일 정도 소요된다. (휴일 제외)

비자

■ 비자란

국가 간 이동을 위해서는 원칙적으로 사증(입국 허가)이 필요하다. 사증을 받기 위해서는 상대국 대사관이나 영사관을 방문하여 방문 국가가 요청하는 서류 및 사증 수수료를 지불해야 하며 경우에 따라서는 인터뷰도 거쳐야 한다.

■ 비자 없이 입국이 가능한 국가

90일	아시아	뉴질랜드, 말레이시아, 싱가폴, 태국, 홍콩, 일본, 대만, 마카오 등
	미주	멕시코, 베네수엘라, 브라질, 아이티, 우루과이, 자메이카, 칠레, 코스타리카, 콜롬비아, 페루, 과테말라, 도미니카, 아르헨티나 등
	유럽	이탈리아, 그리스, 스위스, 스페인, 네덜란드, 독일, 스웨덴, 핀란드, 룩셈부르크, 벨기에, 오스트리아, 체코, 포르투갈, 폴란드, 프랑스, 노르웨이, 덴마크, 아이슬란드, 아일랜드, 튀르키예, 헝가리, 슬로바키아, 루마니아, 불가리아 등
	중동 · 아프리카	모로코, 이스라엘 등
15일		베트남 등
30일		라오스, 필리핀, 팔라우, 오만, 남아프리카공화국, 파라과이 등
기타		북마리아나 연방(사이판, 45일), 피지(4개월), 캐나다(6개월)

■ 비자를 발급받아야 입국이 가능한 국가

국가별로 비자를 발급받는 시점도 다르고 수수료도 다르며 해당국의 사정에 따라 사전 고지 없이 변경될 수 있으므로, 여행 전 반드시 해당 국가 공관 홈페이지 등을 통해 내용을 확인해야 한다.

환전하기

■ 환율을 꼼꼼히 살펴보자.

환율은 하루에도 수십 번 바뀌기 때문에 타이밍이 중요하다. 은행들이 환율 변동 흐름을 수시로 파악하고 적정한 환전 시점을 포착하는 데 도움을 주는 서비스를 무료로 제공하고 있다.

■ 주거래 은행에서 하자.

은행마다 우수 고객에게 환전 수수료를 싸게 해 주는 환율 우대 제도를 운영하고 있기 때문이다.

■ 인터넷/모바일 환전을 이용하자.

은행 갈 시간도 없고, 공항에서 환전하기에는 환율 우대가 아쉬운 분들은 인터넷 이나 모바일로 미리 환전하고 공항에서 찾을 수 있다. (단, 너무 이른 시간에는 공항 은행 창구가 열리지 않아 찾을 수 없으니 공항 은행 창구 운영 시간을 미리 확인 후에 이용하도록 하자.)

■ 환율 우대율을 체크하자.

환율 우대율은 높을수록 경제적이다(금액과 화폐 종류에 따라 10%부터 최대 90% 까지 우대를 받는다).

■ 소액 환전의 경우 환율 우대 비율이 큰 차이가 없다.

이럴 땐 그냥 평소 이용하던 은행 지점을 방문하거나 인터넷 환전을 이용한다.

☑ 알고 가면 좋을 환전 팁!

└→ 프랑스에 가기 전 우리나라 시중 은행이나 공항 환전소에서 유로로 환전하는 것이 좋다(프랑스 시중 은행의 일반 지점은 외환 업무를 취급하지 않는 것이 보통이다). 프랑스 내에서는 공항, 은행 본점, 호텔, 철도역 거리의 환전상을 통해 유로로 환전할 수 있다. 환율은 은행이 좋고, 환전상은 환율이 나쁜 편이며, 점포별로 적용 환율은 상이하다. 또한 은행의 큰 지점에서는 자동 환전기를 24시간 내내 이용할 수 있다.

짐 꾸리기

안전하고 즐거운 여행을 위해 꼭 필요한 짐과 불필요한 짐을 나눠 효율적으로 꾸리는 것이 좋다. 그런데 여행하는 곳이 국내가 아닌 해외라면 더 신경 써서 준비해야 할 것들이 많다.

■ 짐 싸기 노하우

수하물로 부칠 캐리어 1개, 휴대용 가방 1개를 준비한다.
무거운 짐은 아래쪽으로, 가벼운 짐은 위쪽으로 놓는다.
옷은 찾기 쉽게 말아서 넣는다.
비상약, 속옷, 화장품 등 아이템별로 주머니에 담는다.
화장품은 샘플이나 미니 사이즈를 활용한다.
나라별로 콘센트를 확인하여 어댑터를 준비한다.

■ 수하물 준비 방법 및 유의 사항

-다용도 칼, 과도, 가위, 골프채 등은 휴대 제한 품목으로 분류되어 기내로 반입할 수 없으므로, 부칠 짐에 넣는다.

-라이터, 부탄가스 등 폭발 가능성이 있는 물건은 운송 제한 품목으로 항공기 운송이 금지되어 있어 짐으로 부칠 수 없다.

-파손되기 쉬운 물품이나 부패되기 쉬운 음식물, 악취 나는 물품 역시 부칠 수 없다.

■ 무료 수하물 허용량

여정, 좌석의 등급에 따라 짐의 크기 및 무게가 다르게 적용되므로 출발 전 조건에 맞는 무료 수하물 허용량을 확인하는 것이 좋다.

일반석의 경우 무게가 23kg 이내, 크기가 세 변의 합이 158cm 이내인 짐 2개를 무료로 맡길 수 있고 이를 초과할 경우 금액을 지불해야 한다.

■ 기내 반입 가능한 수하물의 크기와 무게

일반석의 경우 크기가 55 x 40 x 20(cm) 또는 세 변의 합이 115cm이하여야 하며, 무게는 12kg까지 가능하다. 개수는 이외에 1개 추가 허용이 가능하다.

■ 여행 준비물 체크리스트

휴대용 가방

- ☐ 항공권
- ☐ 환전한 돈
- ☐ 시계
- ☐ 선글라스
- ☐ 필기구
- ☐ 휴대폰
- ☐ 여권 비자(복사본도 준비)
- ☐ 호텔 정보 or 패키지 여행 일정
- ☐ 신용카드
- ☐ 썬크림
- ☐ 카메라

캐리어

- ☐ 카메라 충전기
- ☐ 콘센트 어댑터
- ☐ 수영복
- ☐ 속옷
- ☐ 슬리퍼 및 운동화
- ☐ 휴대용 화장품
- ☐ 여행용 화장품
- ☐ 휴대폰 충전기
- ☐ 비상약(두통약, 해열제, 감기약, 모기약 등)
- ☐ 양말
- ☐ 트레이닝복 및 여벌 옷
- ☐ 우산
- ☐ 세면도구
- ☐ 여행용 목욕 용품

☑ 알고 가면 좋을 짐 꾸리기 팁!

↳ 프랑스는 우리나라와 같이 사계절이 있으며, 온대성 기후가 주류를 이루지만 지역에 따라 약간 차이가 있는 기후 형태를 보인다. 북부 지역은 강우량이 비교적 많고 대체로 습한 해양성 기후를 보이고 있는 반면에 남부 지역은 강우량이 비교적 적으며 따뜻한 지중해성 기후를 보이고 있다. 여름에는 비교적 건조하고 선선하여 겉옷을 챙겨 가는 것도 좋다. 겨울은 한국보다 덜 추우니 두꺼운 옷보다는 껴입을 수 있는 두께의 옷을 많이 가져가는 것이 유용하며, 늦가을 및 늦봄에는 맑은 날씨와 비 오는 날씨가 번갈아 나타나는 등 날씨가 변덕스러운 편이므로 비에 대비하여 방수 재킷이나, 우산 등을 준비하는 것이 좋다.

출국 절차

■ 공항 도착
항공기 출발 2시간 전에 도착하는 것이 좋으나 미주, 유럽 지역 현지 출발 항공편을 이용할 경우 2시간 이상 소요될 수 있어 더 여유롭게 도착하는 것이 좋다.

■ 탑승 수속
항공기 출발 40분 전까지 탑승 수속을 마감해야 한다. 여권과 탑승권을 제출하여 예약을 확인한 후 좌석을 지정 받고 짐을 부친다.

■ 출국 수속
세관 신고　　　고가품 및 금지 품목 소지 여부를 신고하는 절차
보안 검색대　　위험품 소지 여부를 검사하는 절차
법무부　　　　출입국 자격을 심사

■ 게이트 찾기
항공기 탑승　　출국 수속을 마치면 면세 구역에서 쇼핑을 할 수 있고, 항공기 시간에 맞춰 게이트를 찾아가면 된다. 항공기 출발 30분 전에 탑승을 시작해서 출발 10분 전 마감한다.

입국 절차(현지)

■입국 수속

Emigration이 써 있는 곳을 찾아간다. 기내에서 작성한 출입국 신고서를 제출한다.

■짐 찾기

항공편별로 짐을 찾아야 하는 곳을 전광판을 통해 알려주므로 잘 확인해야 한다.

■세관 신고

기내에서 작성한 세관 신고서를 제출한다.

☑ 알고 가면 좋을 입국 절차 팁!

↳ 여권과 입국 카드를 준비하여 입국 심사를 하면 된다.
심사대는 'EU권 내'와 '기타(Autre Passeports)'로 나누어져 있으며 한국인은 '기타(Autre Passeports)'에서 대기해야 한다.
타고 온 비행기편 컨베이어벨트 앞에서 짐을 기다린 후 수하물을 찾으면 된다. 세관 신고 할 품목이 있으면 '빨간색(rouge)' 구역에서 세관 신고를 하면 되고, 신고품이 없는 경우 '녹색(vert)' 구역으로 가면 된다.

출입국 신고서
세관 신고서 작성하기

항목	뜻	작성 요령	예시
영 Family name/Surname 프 Nom de famille	성		
영 First name and Middle name 프 Prénom	이름		
영 Sex 프 Sexe	성별	Male/Masculin (M) 남자 Female/Féminin (F) 여자	
영 Country of birth/ Nationality 프 Pays natal/Nationalité	출생 국가/국적	국가명을 적는다.	영 Korea 프 Corée du Sud
영 Citizenship 프 Ville natale	출생 도시	도시명을 적는다.	영 Seoul 프 Séoul
영 Date of birth 프 Date de naissance	생년월일	YY란에 연도, M란에 달, D란에 날짜 기입	
영 Type of document 프 Type de document	입국 시 신분증		
영 Passport No. 프 Numéro de passeport	여권 번호		
영 Occupation 프 Profession	직업		영 Businessman, Teacher, Officeworker, etc. 프 Homme d'affaires, Professeur, Employé de bureau, etc.
영 Address in the OO 프 Adresse dans OO	OO내 상세 주소	호텔 이름만 적으면 된다.	HILTON HOTEL
영 Arrival Flight No. 프 Numéro de vols à l'arrivée	입국 비행기 편명		
영 Signature 프 Signature	서명	본인의 자필 서명	

프랑스어 알파벳 (발음)

A a [ɑ] 아	**B b** [be] 베	**C c** [se] 쎄
D d [de] 데	**E e** [ə] 으	**F f** [ɛf] 에프
G g [ʒe] 죄	**H h** [aʃ] 아쉬	**I i** [i] 이
J j [ʒi] 지	**K k** [ka] 꺄	**L l** [ɛl] 엘
M m [ɛm] 엠	**N n** [ɛn] 엔	**O o** [o] 오

P p [pe] 뻬	**Q q** [ky] 뀌	**R r** [ɛR] 에흐
S s [ɛs] 에쓰	**T t** [te] 떼	**U u** [y] 위
V v [ve] 베	**W w** [dubləve] 두블르 베	**X x** [iks] 익스
Y y [igʀɛk] 이그헥	**Z z** [zɛd] 제드	

프랑스어가 쉬워지는 꿀Tip! 노트

정말 실수하기 쉬운 프랑스어 발음 "TOP 5"

프랑스어에는 우리나라 말에 존재하지 않는 모음들이 아주 많이 섞여 있어서 한국인들에게는 발음하기에 무척 까다롭습니다. 아래 모음들에 주의해서 연습하시면 훨씬 프랑스어다운 프랑스어를 구사하실 수 있을 거예요.

① [y]

우리말의 '위' 발음과 헷갈리기 쉬운 모음입니다. 입술을 '우' 발음을 할 때처럼 둥글게 하고 '이' 소리를 냅니다. 입술을 둥글게 하고 움직이지 않도록 조심하세요.

예) 너 tu [뛰] 퓨레 purée [쀠헤]

② [ɔ]

'오'와 '어' 소리의 중간 발음입니다. 입은 '오' 모양으로 만들고 '어'소리를 내면 완벽한 발음이 나옵니다! 아래의 예를 보면서 연습해보세요.

예) 세일 solde [쏠드] 원피스 robe [호브]

③ [ø]

'에'와 '오' 소리의 중간 발음입니다. 입은 '오' 모양을 하고 소리는 '에'라고 내 보세요. 조금 까다로운 발음이지만 연습하다 보면 프랑스인처럼 말하실 수 있을 거예요.

예) 불 feu [푸] 둘 deux [두]

④ [œ]

'애'와 위에 나왔던 [ɔ] 발음의 사이에 이 소리가 납니다. 복잡한 것 같지만 이 원칙대로 소리 내서 연습해 보시면 금방 제대로 된 발음을 내실 수 있어요.

예) 자매 sœur [쐬흐]   심장 cœur [꾀흐]

⑤ [ə]

마지막으로 알려드릴 발음은 가장 까다로운데요, 바로 위에서 본 [œ]와 [ɔ]의 중간 발음을 내려고 노력해보세요. 이 소리까지만 정복하면 프랑스인 못지 않은 발음을 하실 수 있어요.

예) 이, 그, 저(지시 형용사) ce [스]   남성 정관사 le [르]

☆ 발음할 때 참고해 주세요~!

프랑스어에는 남성/여성 구분이 있습니다.

예를 들어, « 나는 길을 잃었어요.»라고 할 때,

남성 분들은 → Je me suis perdu. [쥬 므 쒸 뻬흐뒤.]

여성 분들은 → Je me suis perdue. [쥬 므 쒸 뻬흐뒤.]

로 발음은 같지만, 여성은 끝에 « e »를 하나 더 붙여 씁니다.

« 나는 관광객이에요. »라고 말할 때는

남성 분들은 → Je suis un touriste. [쥬 쒸 앙 뚜히스뜨.]

여성 분들은 → Je suis une touriste. [쥬 쒸 쥔 뚜히스뜨.]

라고 합니다.

꿀 Tip

반드시 알고 있어야 할 필수 회화 표현

☑ 기본적인 인사하기

안녕!	Salut ! [쌀뤼!]
좋은 아침입니다.	Bonjour ! [봉쥬흐!]
좋은 오후입니다.	Bonjour ! [봉쥬흐!]
좋은 저녁입니다.	Bonsoir ! [봉수아!]
안녕히 주무세요.	Bonne nuit ! [본뉘!]
만나서 반갑습니다.	
- 본인이 남자일 때	Enchanté. [엉셩떼.]
- 본인이 여자일 때	Enchantée. [엉셩떼.]
안녕! (헤어질 때)	Au revoir ! [오 흐부아흐!]
안녕! (헤어질 때)	A bientôt ! [아 비앙또!]
이따 보자!	A tout à l'heure ! [아 뚜 딸 뢰흐!]
당신의 일이 잘 풀리길 바라요.	Bonne chance ! [본느 셩쓰!]
당신도요.	Vous aussi. [부 오씨.]
	Toi aussi. [뚜아 오씨.]
감사합니다.	Merci. [멕씨.]
천만에요.	De rien. [드 히앙.]
죄송합니다. / 실례합니다.	Pardon. [빠흐동.]
잠시만요. (사람들 사이를 지나갈 때)	Pardon. [빠흐동.]
뭐라구요? (되물을 때)	Pardon ? [빠흐동?]

☑ 안부 물어보기

어떻게 지내세요?	Comment ça va ? [꼬멍 싸 바?]
	Comment allez-vous ? [꼬멍 딸레 부?]
잘 지내.	Très bien. [트헤 비앙.]
잘 못 지내.	Très mal. [트헤 말.]

☑ 통성명 하기

이름이 뭐예요? Comment vous appelez-vous ? [꼬멍 부 자쁠레 부?]
저는 Agnès입니다. 당신은요? Je m'appelle Agnès. Et vous ? [쥬 마뻴 아녜스. 에 부?]

☑ 간단한 자기소개하기

저는 한국 출신입니다. Je suis originaire de la Corée du Sud.
[쥬 쒸 오히지네흐 들라 꼬헤 뒤 쒸드.]

프랑스어 하세요? Parlez-vous français ? [빠흘레 부 프헝쎄?]
조금 해요. Un peu. [앙 뿌.]
천천히 말해 주실래요? Pouvez-vous parler lentement, s'il vous plaît ?
[뿌베 부 빠흘레 렁뜨멍, 씰 부 쁠레?]

☑ 그 외 알아 두면 좋은 표현들

네. Oui. [위.]
아니요. Non. [농.]
괜찮아요. C'est bien. [쎄 비앙.]
Tout va bien. [뚜 바 비앙.]

☑ 날짜 읽기

1월	janvier [쟝비에]	7월	juillet [쥐이에]
2월	février [페브히에]	8월	août [웃뜨]
3월	mars [막쓰]	9월	septembre [셉떵브흐]
4월	avril [아브힐]	10월	octobre [옥또브흐]
5월	mai [메]	11월	novembre [노벙브흐]
6월	juin [쥐앙]	12월	décembre [데썽브흐]

☑ 요일 읽기

월요일	lundi [랑디]	금요일	vendredi [벙드흐디]
화요일	mardi [마흐디]	토요일	samedi [쌈디]
수요일	mercredi [멕크흐디]	일요일	dimanche [디망슈]
목요일	jeudi [쥬디]		

"숫자"를 알면 물건을 쉽게 살 수 있다! (1~1000)

1	Un [앙]	26	Vingt-six [방 씨쓰]
2	Deux [두]	27	Vingt-sept [방 쎄뜨]
3	Trois [트후아]	28	Vingt-huit [방뜨 위뜨]
4	Quatre [꺄트흐]	29	Vingt-neuf [방 뇌프]
5	Cinq [쌍끄]	30	Trente [트헝뜨]
6	Six [씨쓰]	40	Quarante [꺄헝뜨]
7	Sept [쎄뜨]	50	Cinquante [쌍껑뜨]
8	Huit [위뜨]	60	Soixante [쑤아썽뜨]
9	Neuf [뇌프]	70	Soixante-dix [쑤아썽뜨 디쓰]
10	Dix [디쓰]	71	Soixante et onze [쑤아썽떼 옹즈]
11	Onze [옹즈]	72	Soixante-douze [쑤아썽뜨 두즈]
12	Douze [두즈]	73	Soixante-treize [쑤아썽뜨 트헤즈]
13	Treize [트헤즈]	74	Soixante-quatorze [쑤아썽뜨 꺄또흐즈]
14	Quatorze [꺄또흐즈]	75	Soixante-quinze [쑤아썽뜨 깡즈]
15	Quinze [깡즈]	76	Soixante-seize [쑤아썽뜨 쎄즈]
16	Seize [쎄즈]	77	Soixante-dix-sept [쑤아썽뜨 디쎄뜨]
17	Dix-sept [디 쎄뜨]	78	Soixante-dix-huit [쑤아썽뜨 디즈위뜨]
18	Dix-huit [디즈 위뜨]	79	Soixante-dix-neuf [쑤아썽뜨 디즈뇌프]
19	Dix-neuf [디즈 뇌프]	80	Quatre-vingts [꺄트흐 방]
20	Vingt [방]	81	Quatre-vingt-un [꺄트흐 방 앙]
21	Vingt et un [방떼 앙]	82	Quatre-vingt-deux [꺄트흐 방 두]
22	Vingt-deux [방 두]	83	Quatre-vingt-trois [꺄트흐 방 트후아]
23	Vingt-trois [방 트후아]	84	Quatre-vingt-quatre [꺄트흐 방 꺄트흐]
24	Vingt-quatre [방 꺄트흐]	85	Quatre-vingt-cinq [꺄트흐 방 쌍끄]
25	Vingt-cinq [방 쌍끄]	86	Quatre-vingt-six [꺄트흐 방 씨쓰]

87 Quatre-vingt-sept [꺄트흐 방 쎄뜨]

88 Quatre-vingt-huit [꺄트흐 방 위뜨]

89 Quatre-vingt-neuf [꺄트흐 방 뇌프]

90 Quatre-vingt-dix [꺄트흐 방 디쓰]

91 Quatre-vingt-onze [꺄트흐 방 옹즈]

92 Quatre-vingt-douze [꺄트흐 방 두즈]

93 Quatre-vingt-treize [꺄트흐 방 트헤즈]

94 Quatre-vingt-quatorze [꺄트흐 방 꺄또흐즈]

95 Quatre-vingt-quinze [꺄트흐 방 깡즈]

96 Quatre-vingt-seize [꺄트흐 방 쎄즈]

97 Quatre-vingt-dix-sept [꺄트흐 방 디쎄뜨]

98 Quatre-vingt-dix-huit [꺄트흐 방 디즈위뜨]

99 Quatre-vingt-dix-neuf [꺄트흐 방 디즈뇌프]

100 Cent [썽]

200 Deux cents [두 썽]

300 Trois cents [트후아 썽]

400 Quatre cents [꺄트흐 썽]

500 Cinq cents [쌍끄 썽]

600 Six cents [씨쓰 썽]

700 Sept cents [쎄뜨 썽]

800 Huit cents [위뜨 썽]

900 Neuf cents [뇌프 썽]

1000 Mille [밀]

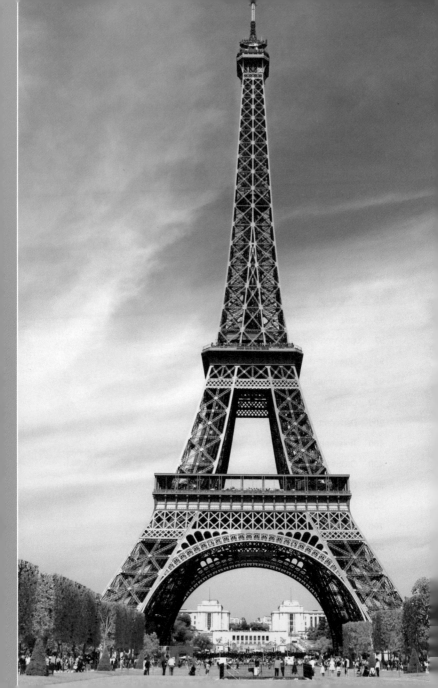

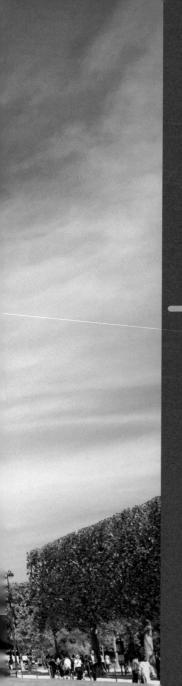

PART 01

기내에서

기내에서

많은 단어를 알 필요 없다
왜? 말할 게 뻔하니까!

01	좌석	**siège** [씨에쥬]
02	이거	**ça** [싸]
03	안전벨트	**ceinture de sécurité** [쌍뛰흐 드 쎄뀌히떼]
04	화장실	**toilettes** [뚜알레뜨]
05	변기	**toilettes** [뚜알레뜨]
06	스크린	**écran** [에크헝]
07	헤드폰	**écouteurs** [에꾸뙤흐]
08	리모컨	**télécommande** [뗄레꼬멍드]
09	불	**lumière** [뤼미에흐]
10	냅킨	**serviette** [쎄흐비에뜨]
11	신문	**journal** [쥬흐날]

12 **마실 것** — **boisson** [부아쏭]

13 **간식거리** — **collation** [꼴라씨옹]

14 **식사** — **repas** [흐빠]

15 **안대** — **bandeau de sommeil** [벙도 드 쏘메이]

16 **담요** — **couverture** [꾸벡뛰흐]

17 **베개** — **oreiller** [오헤이에]

18 **슬리퍼** — **chaussons** [쇼쏭]

19 **입국 신고서** — **carte d'entrée** [꺅뜨 덩트헤]

20 **세관 신고서** — **déclaration douanière** [데끌라하씨옹 두아니에흐]

21 **펜** — **stylo** [스띨로]

22 **기내 면세품** — **produits exempts d'impôts** [프호뒤 제그정 당뽀]

빨리찾아 읽으세요

01 좌석 🪑

siège
[씨에쥬]

· 당신 자리인가요?

Est-ce votre siège ?
[에 쓰 보트흐 씨에쥬?]

· 제 자리인데요.

C'est mon siège.
[쎄 몽 씨에쥬.]

· 제 자리 어딘가요?

Où se trouve ma place ?
[우 쓰 트후브 마 쁠라쓰?]

· 제 자리 차지 마세요.

Pouvez-vous arrêter de frapper mon siège, s'il vous plaît ?
[뿌베 부 아헤떼 드 프하뻬 몽 씨에쥬, 씰 부 쁠레?]

TIP 프랑스에서 "Puis-je ~?" 와 "Pouvez-vous ~?"는 직역하면 각각 "~ 할 수 있을까요?", "~해주실 수 있을까요?"지만, 우리말의 "~해주세요"와 동일한 의미의 표현으로 이해하면 된다.

02 이거 ⌒

ça
[싸]

· 이거 뭐예요?

Qu'est-ce que c'est ?
[께 스 끄 쎄?]

· 이거 가져다주세요.

Apportez-moi ça, s'il vous plaît.
[아뽀떼 무아 싸, 씰 부 쁠레.]

· 이거 안 돼요.

Ça ne fonctionne pas.
[싸 느 퐁씨온 빠.]

· 이거 치워 주세요.

Débarrassez ça, s'il vous plaît.
[데바하쎄 싸, 씰 부 쁠레.]

· 이거 바꿔주세요.

Echangez-moi ça, s'il vous plaît.
[에셩제 무아 싸, 씰 부 쁠레.]

· 이거로 할게요. **Je vais prendre ça.**
[쥬 베 프헝드흐 싸.]

03 안전벨트

ceinture de sécurité
[쌍뛰흐 드 쎄뀌히떼]

· 당신의 안전벨트를 매세요. **Attachez votre ceinture de sécurité, s'il vous plaît.**
[아따세 보트흐 쌍뛰흐 드 쎄뀌히떼, 씰 부 쁠레.]

· 제 안전벨트가 없어요. **Je ne trouve pas ma ceinture de sécurité.**
[쥬 느 트후브 빠 마 쌍뛰흐 드 쎄뀌히떼.]

· 제 안전벨트가 헐렁해요. **Ma ceinture de sécurité est lâche.**
[마 쌍뛰흐 드 쎄뀌히떼 에 라슈.]

· 제 안전벨트가 타이트해요. **Ma ceinture de sécurité est serrée.**
[마 쌍뛰흐 드 쎄뀌히떼 에 쎄헤.]

04 화장실

toilettes
[뚜알레뜨]

· 화장실이 어디예요? **Où sont les toilettes ?**
[우 쏭 레 뚜알레뜨?]

· 화장실이 더러워요. **Les toilettes sont sales.**
[레 뚜알레뜨 쏭 쌀.]

· 화장실 청소가 안 되었어요. **Les toilettes ne sont pas nettoyées.**
[레 뚜알레뜨 느 쏭 빠 네뚜아이에.]

· 누가 화장실에 있나요? **Y a-t-il quelqu'un dans les toilettes ?**
[야 띨 껠깡 덩 레 뚜알레뜨?]

· 이거 화장실 줄인가요? **Est-ce la file d'attente pour les toilettes ?**
[에 쓰 라 필 다떵뜨 뿌흐 레 뚜알레뜨?]

05 변기 🚽

toilettes
[뚜알레뜨]

· 물을 내리세요.
Tirez la chasse d'eau, s'il vous plaît.
[띠헤 라 샤쓰 도, 씰 부 쁠레.]

· 변기가 막혔어요.
Les toilettes sont bouchées.
[레 뚜알레뜨 쏭 부셰.]

06 스크린 🖵

écran
[에크헝]

· 제 화면 한번 봐 주실래요?
Pouvez-vous vérifier mon écran, s'il vous plaît ?
[뿌 베 부 베히피에 모네크헝, 씰 부 쁠레?]

· 화면이 안 나와요.
Mon écran ne fonctionne pas.
[모네크헝 느 퐁씨온 빠.]

· 화면이 멈췄어요.
Mon écran est bloqué.
[모네크헝 에 블로께.]

· 화면이 너무 밝아요.
Mon écran est trop lumineux.
[모네크헝 에 트호 뤼미누.]

07 헤드폰 🎧

écouteurs
[에꾸뙤흐]

· 헤드폰 가져다주세요.
Puis-je avoir des écouteurs, s'il vous plaît ?
[쀠 쥬 아부아흐 데 제꾸뙤흐, 씰 부 쁠레?]

· 헤드폰이 안 되는데요.
Mes écouteurs ne fonctionnent pas.
[메 제꾸뙤흐 느 퐁씨온 빠.]

· 어디다 꽂아요?
(책을 보여주며)

Où est-ce qu'on les branche ?
[우 에 쓰 꽁 레 브헝슈?]

· 저 이거 가져도 돼요?

Puis-je les garder ?
[쀠 쥬 레 갸흐데?]

08 리모컨 télécommande
[뗄레꼬멍드]

· 리모컨 가져다주세요.

Puis-je avoir une télécommande, s'il vous plaît ?
[쀠 쥬 아부아흐 윈 뗄레꼬멍드, 씰 부 쁠레?]

· 리모컨이 안 되는데요.

Ma télécommande ne fonctionne pas.
[마 뗄레꼬멍드 느 퐁씨온 빠.]

· 리모컨 다른 걸로 갖다주세요.

Puis-je avoir une autre télécommande, s'il vous plaît ?
[쀠 쥬 아부아흐 위노트흐 뗄레꼬멍드, 씰 부 쁠레?]

09 불 lumière
[뤼미에흐]

· 불 어떻게 켜요?

Comment puis-je allumer la lumière ?
[꼬멍 쀠 쥬 알뤼메 라 뤼미에흐?]

· 불이 너무 밝아요.

La lumière est trop vive.
[라 뤼미에흐 에 트호 비브.]

· 불 좀 꺼주세요.

Veuillez éteindre la lumière, s'il vous plaît.
[베이에 에땅드흐 라 뤼미에흐, 씰 부 쁠레.]

10 냅킨 🧻

serviette
[쎄흐비에뜨]

· 냅킨 좀 주세요.

Puis-je avoir des serviettes, s'il vous plaît ?
[쀠 쥬 아부아흐 데 쎄흐비에뜨, 씰 부 쁠레?]

· 냅킨 좀 더 주세요.

Puis-je avoir plus de serviettes, s'il vous plaît ?
[쀠 쥬 아부아흐 쁠뤼쓰 드 쎄흐비에뜨, 씰 부 쁠레?]

11 신문 📰

journal
[쥬흐날]

· 신문 좀 갖다주세요.

Puis-je avoir un journal, s'il vous plaît ?
[쀠 쥬 아부아흐 앙 쥬흐날, 씰 부 쁠레?]

· 한국 신문 있어요?

Avez-vous des journaux coréens ?
[아베 부 데 쥬흐노 꼬헤앙?]

· 스포츠 신문 있어요?

Avez-vous des journaux de sport ?
[아베 부 데 쥬흐노 드 스뽀흐?]

12 마실 것 🥤

boisson
[부아쏭]

· 마실 거 좀 주세요.

Puis-je avoir quelque chose à boire, s'il vous plaît ?
[쀠 쥬 아부아흐 껠끄 쇼즈 아 부아흐, 씰 부 쁠레?]

· 물 좀 주세요.

Un verre d'eau, s'il vous plaît.
[앙 베흐 도, 실 부 쁠레.]

· 오렌지 주스 좀 주세요.

Un jus d'orange, s'il vous plaît.
[앙 쥐 도항쥬, 씰 부 쁠레.]

· 코카콜라 좀 주세요. **Un coca, s'il vous plaît.**
[앙 꼬까, 씰 부 쁠레.]

· 펩시콜라 좀 주세요. **Un Pepsi, s'il vous plaît.**
[앙 뻽시, 씰 부 쁠레.]

· 사이다 좀 주세요. **Un Sprite, s'il vous plaît.**
[앙 스프히뜨, 씰 부 쁠레.]

· 녹차 좀 주세요. **Un thé vert, s'il vous plaît.**
[앙 떼 베흐, 씰 부 쁠레.]

· 커피 좀 주세요. **Un café, s'il vous plaît.**
[앙 꺄페, 씰 부 쁠레.]

· 맥주 좀 주세요. **Une bière, s'il vous plaît.**
[윈 비에흐, 씰 부 쁠레.]

· 와인 좀 주세요. **Un verre de vin, s'il vous plaît.**
[앙 베흐 드 방, 씰 부 쁠레.]

· 샴페인 좀 주세요. **Un verre de champagne, s'il vous plaît.**
[앙 베흐 드 셩빠뉴, 씰 부 쁠레.]

· 위스키 좀 주세요. **Un verre de wisky, s'il vous plaît.**
[앙 베흐 드 위스끼, 씰 부 쁠레.]

TIP 적포도주는 vin rouge[방 후쥬], 백포도주는 vin blanc[방 블렁]

13 간식거리 🍪 collation
[꼴라씨옹]

· 간식거리 좀 있나요? **Avez-vous des collations ?**
[아베 부 데 꼴라씨옹?]

· 단 간식거리 있나요? **Avez-vous des collations sucrées ?**
[아베 부 데 꼴라씨옹 쒸크헤?]

· 짠 간식거리 있나요? **Avez-vous des collations salées ?**
[아베 부 데 꼴라씨옹 쌀레?]

57

· 땅콩 좀 주세요. **Des cacahuètes, s'il vous plaît.**
[데 까까우에뜨, 씰 부 쁠레.]

· 브레첼 좀 주세요. **Des bretzels, s'il vous plaît.**
[데 브헷젤, 씰 부 쁠레.]

· 쿠키 좀 주세요. **Des cookies, s'il vous plaît.**
[데 꾸끼, 실 부 쁠레.]

· 초콜릿 좀 주세요. **Des chocolats, s'il vous plaît.**
[데 쇼꼴라, 실 부 쁠레.]

14 식사 🍽️8

repas
[흐빠]

· 식사가 언제인가요? **Quelle est l'heure du repas ?**
[껠레 뢰흐 뒤 흐빠?]

· 식사가 뭐인가요? **Qu'avez-vous pour le repas ?**
[까베 부 뿌흐 르 흐빠?]

· 식사 나중에 할게요. **Je prendrais mon repas plus tard.**
[쥬 프헝드헤 몽 흐빠 쁠뤼 따흐.]

· 지금 저 식사할게요. **Je vais prendre mon repas maintenant.**
[쥬 베 프헝드흐 몽 흐빠 망뜨넝.]

· 식사 남는 거 없어요? **Est-ce qu'il vous reste d'autres repas ?**
[에 스 낄 부 헤스뜨 도트흐 흐빠?]

TIP 에어프랑스에서도 컵라면을 부탁할 수 있다. 컵라면은 ramen instantané[하멘 앙스 떵따네]

15 안대 😴

bandeau de sommeil
[벙도 드 쏘메이]

· 안대 있어요? **Avez-vous un bandeau de sommeil ?**
[아베 부 앙 벙도 드 쏘메이?]

· 이 안대 불편해요.

Ce bandeau de sommeil n'est pas confortable.
[쓰 벙도 드 쏘메이 네 빠 꽁폭따블르.]

· 다른 안대 갖다주세요.

Donnez-moi un autre bandeau de sommeil, s'il vous plaît.
[도네 무아 아 노트흐 벙도 드 쏘메이, 씰 부 쁠레.]

16 담요

couverture
[꾸벡뛰흐]

· 저 담요 없어요.

Je n'ai pas de couverture.
[쥬 네 빠 드 꾸벡뛰흐.]

· 담요 가져다주세요.

Puis-je avoir une couverture, s'il vous plaît ?
[쀠 쥬 아부아흐 윈 꾸벡뛰흐, 씰 부 쁠레?]

· 저 담요 하나만 더 주세요.

Puis-je avoir une couverture en plus, s'il vous plaît ?
[쀠 쥬 아부아흐 윈 꾸벡뛰흐 엉 쁠뤼쓰, 씰 부 쁠레?]

17 베개

oreiller
[오헤이에]

· 베개 있어요?

Avez-vous un oreiller ?
[아베 부 아노헤이에?]

· 이 베개 불편해요.

Cet oreiller n'est pas confortable.
[쎄또헤이에 네 빠 꽁폭따블르.]

· 다른 베개 갖다주세요.

Donnez-moi un autre oreiller, s'il vous plaît.
[도네 무아 아노트흐 오헤이에, 씰 부 쁠레.]

· 저 베개 하나만 더 주세요. **Puis-je avoir un oreiller de plus, s'il vous plaît ?**
[쀠 쥬 아부아흐 아노헤이에드 쁠뤼쓰, 씰 부 쁠레?]

18 슬리퍼   **chaussons**
[쇼쏭]

· 슬리퍼 있어요? **Avez-vous des chaussons ?**
[아베 부 데 쇼쏭?]

· 이 슬리퍼 불편해요. **Ces chaussons ne sont pas confortables.**
[쎄 쇼쏭 느 쏭 빠 꽁폭따블르.]

· 다른 슬리퍼 갖다주세요. **Donnez-moi une autre paire de chaus-sons, s'il vous plaît.**
[도네 무아 위노트흐 뻬흐 드 쇼쏭, 씰 부 쁠레.]

19 입국 신고서   **carte d'entrée**
[꺅뜨 덩트헤]

· 입국 신고서 작성 좀 도와줘요. **Pouvez-vous m'aider à remplir cette déclaration, s'il vous plaît ?**
[뿌 베 부 메데 아 헝쁠리흐 쎄뜨 데끌라하씨옹, 씰 부 쁠레?]

· 입국 신고서 한 장 더 줘요. (신고서를 보여주면서) **Puis-je en avoir une autre, s'il vous plaît ?**
[쀠 쥬 어나부아흐 위노트흐, 씰 부 쁠레?]

20 세관 신고서   **déclaration douanière**
[데끌라하씨옹 두아니에흐]

· 세관 신고서 작성 좀 도와줘요. **Pouvez-vous m'aider à remplir cette déclaration, s'il vous plaît ?**
[뿌 베 부 메데 아 헝쁠리흐 쎄뜨 데끌라하씨옹, 씰 부 쁠레?]

· 세관 신고서 한 장 더 줘요.
(신고서를 보여주면서)

Puis-je en avoir une autre, s'il vous plaît ?
[쀠 쥬 어나부아흐 위노트흐, 씰 부 쁠레?]

21 펜

stylo
[스띨로]

· 펜 좀 빌려줘요.

Puis-je emprunter un stylo, s'il vous plaît ?
[쀠 쥬 엉프헝떼 앙 스띨로, 씰 부 쁠레?]

· 이 펜 안 나와요.

Ce stylo ne marche pas.
[쓰 스띨로 느 막슈 빠.]

· 다른 펜으로 주세요.

Puis-je avoir un autre stylo, s'il vous plaît ?
[쀠 쥬 아부아흐 아노트흐 스띨로, 씰 부 쁠레?]

22 기내 면세품

produits exempts d'impôts
[프호뒤 제그정 당뽀]

· 기내 면세품 좀 보여줘요.

Montrez-moi les produits exempts d'impôts, s'il vous plaît.
[몽트헤 무아 레 프호뒤 제그정 당뽀, 씰 부 쁠레.]

· 신용카드 되나요?

Acceptez-vous la carte de crédit ?
[악쎕떼 부 라 꺅뜨 드 크헤디?]

· 달러 되나요?

Acceptez-vous les dollars ?
[악쎕떼 부 레 돌라흐?]

위급상황 필요한 단어

01 **두통**
mal de tête
[말 드 떼뜨]

02 **복통**
mal de ventre
[말 드 벙트흐]

03 **어지러운**
avoir la tête qui tourne
[아부아흐 라 떼뜨 끼 뚜흔느]

04 **으슬으슬**
attraper froid
[아트하페 프후아]

05 **아픈**
malade
[말라드]

06 **비행기 멀미**
mal de l'air
[말 드 레흐]

빨리찾아 말하면 OK!

· 저 두통 있는 것 같아요.

J'ai mal à la tête.
[졔 말 알라 떼뜨.]

· 두통약 좀 주세요.

Puis-je avoir de l'aspirine, s'il vous plaît ?
[쀠 쥬 아부아흐 드 라스삐힌, 씰 부 쁠레?]

· 저 복통 있는 것 같아요.

J'ai mal au ventre.
[졔 말로 벙트흐.]

· 복통약 좀 주세요.

Puis-je avoir des comprimés contre le mal de ventre, s'il vous plaît ?
[쀠 쥬 아부아흐 데 꽁프히메 꽁트흐 르 말 드 벙트흐, 씰 부 쁠레?]

· 저 어지러워요.

J'ai la tête qui tourne.
[졔 라 떼뜨 끼 뚜느.]

· 저 으슬으슬해요.

J'ai attrapé froid.
[졔 아트하뻬 프후아.]

· 저 아파요.

Je ne me sens pas très bien.
[쥬 느 므 썽 빠 트헤 비앙.]

· 저 (비행기) 멀미나요.

J'ai le mal de l'air.
[졔 르 말 드 레흐.]

실제상황

여행 프랑스어

Un ramen instantané, s'il vous plaît.

컵라면 주세요.

자신 있게 외쳐라~
Parlez avec assurance !

멀미 나요.
J'ai le mal de l'air.
[제 르 말 드 레흐.]

속이 메스꺼워요.
J'ai mal au cœur.
[제 말로 꾀흐.]

자리 바꾸고 싶어요.
Je voudrais changer de place.
[쥬 부드헤 성제 드 쁠라스.]

PART 02

공항에서

공항에서

많은 단어를 알 필요 없다
왜? 말할 게 뻔하니까!

01	게이트	**porte d'embarquement** [뽀르뜨 덩박끄멍]
02	탑승	**embarquement** [엉박끄멍]
03	연착	**retard** [흐따흐]
04	다음 비행 편	**prochain vol** [프호샹 볼]
05	대기	**attente** [아떵뜨]
06	대기 장소	**salle d'attente** [쌀 다떵뜨]
07	레스토랑	**restaurant** [헤스또헝]
08	화장실	**toilettes** [뚜알레뜨]
09	면세점	**magasin duty free** [마가장 듀티 프히]
10	환승	**escale** [에스꺌]
11	출입국 관리소	**service de la douane et de l'immigration** [쎄흐비쓰 들라 두안 에 드 리미그하씨옹]

12	외국인	**étranger** [에트헝제]
13	통역사	**interprète** [앙떼흐프헤뜨]
14	지문	**empreinte digitale** [엉프항뜨 디지딸]
15	왕복 티켓	**billet aller-retour** [비에 알레 흐뚜흐]
16	~하러 왔어요	**je suis ici** [쥬 쒸 이씨]
17	~에 묵을 거예요	**je reste à/dans/chez** [쥬 헤스뜨 아/덩/셰]
18	여기 ~동안 있을 거예요	**je vais rester** [쥬 베 헤스떼]
19	수하물 찾는 곳	**retrait des bagages** [흐트헤 데 바가쥬]
20	카트	**chariot à bagages** [샤히오 아 바가쥬]
21	분실	**perdu** [뻬흐뒤]
22	제 거예요	**c'est à moi** [쎄따 무아]

공항에서

많은 단어를 알 필요 없다
왜? 말할 게 뻔하니까 !

빨리찾아 읽으세요

01 게이트 🛂

porte d'embarquement
[뽀흐뜨 덩박끄멍]

· 제 게이트를 못 찾겠어요.

Je ne trouve pas ma porte d'embarquement.
[쥬 느 트후브 빠 마 뽀흐뜨 덩바끄멍.]

· 98번 게이트는 어디에 있어요?

Où se trouve la porte neuf huit ?
[우 쓰 트후브 라 뽀흐뜨 뇌프 위뜨?]

02 탑승 🚶

embarquement
[엉박끄멍]

· 탑승 언제 해요?

Quand commence l'embarquement ?
[깡 꼬멍쓰 렁바끄멍?]

· 탑승하려면 얼마나 기다려요?

Combien de temps doit-on attendre avant l'embarquement ?
[꽁비앙 드 떵 두아 똥 아떵드흐 아벙 렁바끄멍?]

03 연착 ⏱

retard
[흐따흐]

· 제 비행기 연착됐어요?

Mon vol est-il retardé ?
[몽 볼 에 띨 흐따흐데?]

· 왜 연착됐어요?

Pourquoi mon vol est-il retardé ?
[뿌꾸아 몽 볼 에 띨 흐따흐데?]

· 언제까지 기다려요?

Jusqu'à quand doit-on attendre ?
[쥐스까 껑 두아 똥 아떵드흐?]

04 다음 비행 편   prochain vol
[프호샹 볼]

· 다음 비행기는 그럼 언제 예요?

Quand est le prochain vol ?
[껑 떼 르 프호샹 볼?]

· 다음 비행 편은 어떤 항공 사예요?

Quelle est la compagnie aérienne du prochain vol ?
[껠레 라 꽁빠니 아에히엔 뒤 프호샹 볼?]

· 다음 비행 편은 얼마예요?

Combien coûte le prochain vol ?
[꽁비앙 꾸뜨 르 프호샹 볼?]

· 기다렸으니까 좌석 업그레 이드 해줘요.

J'ai trop attendu. Puis-je être surclassé ?
[제 트호 아떵뒤. 쀠 쥬 에트흐 쒸흐끌라쎄?]

05 대기   attente
[아떵뜨]

· 얼마나 대기해요?

Combien de temps doit-on attendre ?
[꽁비앙 드 떵 두아 똥 아떵드흐?]

· 어디서 대기해요?

Où doit-on attendre ?
[우 두아 똥 아떵드흐?]

· 대기하는 동안 나갈 수 있 어요?

Puis-je sortir en attendant ?
[쀠 쥬 쏙띠 어나떵당?]

06 대기 장소 🍴

salle d'attente
[쌀 다떵뜨]

· 대기 장소 어디예요?	**Où se trouve la salle d'attente ?** [우 쓰 트후브 라 쌀 다떵뜨?]
· 인터넷 할 수 있는 곳 어디 예요?	**Où puis-je utiliser Internet ?** [우 쀠 쥬 위띨리제 앙떼흐넷?]
· 비즈니스 라운지 어디예요?	**Où se trouve le salon de classe affaires ?** [우 쓰 트후브 르 쌀롱 드 끌라쓰 아페흐?]
· 스타얼라이언스 라운지 어디 예요?	**Où se trouve le salon Star Alliance ?** [우 쓰 트후브 르 쌀롱 스따할리앙쓰?]
· 스카이팀 라운지 어디예요?	**Où se trouve le salon Sky Team ?** [우 쓰 트후브 르 살롱 스카이팀?]

07 레스토랑

restaurant
[헤스또헝]

· 레스토랑 어디예요?	**Où se trouve le restaurant ?** [우 쓰 트후브 르 헤스또헝?]
· 커피숍 어디 있어요?	**Où se trouve le café ?** [우 쓰 트후브 르 까페?]
· 간단한 걸로 주세요.	**Je prendrais quelque chose de léger, s'il vous plaît.** [쥬 프헝드헤 껠끄 쇼즈 드 레제, 씰 부 쁠레.]
· 오래 걸려요?	**Est-ce que ça prend beaucoup de temps ?** [에 쓰 끄 싸 프헝 보꾸 드 떵?]

08 화장실 🚹🚺

toilettes
[뚜알레뜨]

· 화장실 어디 있어요?
Où se trouvent les toilettes ?
[우 쓰 트후브 레 뚜알레뜨?]

· 화장실 밖으로 나가야 되나요?
Les toilettes sont-elles dehors ?
[레 뚜알레뜨 쏭 뗄 드오흐?]

· 라운지 안에 화장실 있나요?
Y a-t-il des toilettes à l'intérieur du salon ?
[야 띨 데 뚜알레뜨 아 랑떼히외흐 뒤 쌀롱?]

09 면세점 🛄

magasins duty-free
[마가장 듀티 프히]

· 면세점 어디예요?
Où se trouvent les magasins duty-free ?
[우 쓰 트후브 레 마가장 듀티 프히?]

· 면세점 멀어요?
Est-ce que le magasin de duty-free est loin d'ici ?
[에 쓰 끄 르 마가장 드 듀티 프히 에 루앙 디씨?]

· 화장품 어디 있어요?
Où se trouvent les cosmétiques ?
[우 쓰 트후브 레 꼬스메띠끄?]

· 선물할 거예요.
C'est un cadeau.
[쎄땅 까도.]

10 환승 ✈

escale
[에스꺌]

· 저 환승 승객인데요.
Je suis un passager en escale.
[쥬 쒸장 빠싸졔 어네스꺌.]

· 환승 라운지 이디에요?
Où se trouve le comptoir pour les escales ?
[우 쓰 트후브 르 꽁뚜아흐 뿌흐 레제스꺌?]

· 경유해서 파리로 가요.
Je suis un passager en escale pour Paris.
[쥬 쒸 장빠싸졔 어네스꺌 뿌흐 빠히.]

TIP 환승을 뜻하는 동의어로는 correspondance[꼬헤스뽕덩쓰]

11 출입국 관리소 🏛

service de la douane et de l'immigration
[쎄흐비쓰 들라 두안 에 드 리미그하씨옹]

· 출입국 관리소 어디로 가요?
Où se trouve la douane et l'immigration ?
[우 쓰 트후브 라 두안 에 리미그하씨옹?]

· 입국 심사대 어디로 가요?
Où se trouve le poste de contrôle de la douane ?
[우 쓰 트후브 르 뽀스뜨 드 꽁트홀 들라 두안?]

12 외국인 🐑

étranger
[에트항졔]

· 이게 외국인 줄인가요?
Est-ce la file d'attente pour les étrangers ?
[에 쓰 라 필 다떵뜨 뿌흐 레제트항졔?]

13 통역사 🎧

interprète
[앙떼흐프헤뜨]

· 한국인 통역사 불러주세요.

Puis-je avoir un interprète coréen ?
[쀠 쥬 아부아흐 아낭떼흐프헤뜨 꼬헤앙?]

· 못 알아듣겠어요.

Je n'ai pas compris.
[쥬 네 빠 꽁프히.]

· 천천히 말씀해 주세요.

Parlez lentement, s'il vous plaît.
[빠흘레 렁뜨멍, 씰 부 쁠레.]

· 다시 한번 말씀해 주세요.

Pouvez-vous répéter, s'il vous plaît ?
[뿌베 부 헤뻬떼, 씰 부 쁠레?]

14 지문 ◎

empreinte digitale
[엉프항뜨 디지딸]

· 지문 여기다 갖다 대세요.

Mettez votre doigt ici.
[메떼 보트흐 두아 이씨.]

· 오른쪽 손이요?

Ma main droite ?
[마 망 드후아뜨?]

· 왼쪽 손이요?

Ma main gauche ?
[마 망 고슈?]

15 왕복 티켓 🎫

billet aller-retour
[비에 알레 흐뚜흐]

· 왕복 티켓 보여주세요.

Montrez-moi votre billet, s'il vous plaît.
[몽트헤 무아 보트흐 비에, 씰 부 쁠레.]

· 왕복 티켓 있으세요?

Avez-vous votre billet ?
[아베 부 보트흐 비에?]

· 네. 여기 제 왕복 티켓이요.

Oui. Voici mon billet.
[위. 부아씨 몽 비에.]

16 ~하러 왔어요 ⌣? je suis ici
[쥬 쒸 이씨]

· 휴가 보내러 왔어요.

Je suis ici en vacances.
[쥬 쒸 이씨 엉 바깡쓰.]

· 출장 때문에 왔어요.

Je suis ici en voyage d'affaires.
[쥬 쒸 이씨 엉 부아야쥬 다페흐.]

· 관광하러 왔어요.

Je suis ici pour faire du tourisme.
[쥬 쒸 이씨 뿌흐 페흐 뒤 뚜히즘.]

17 ~에 묵을 거예요 💤 je reste à/dans/chez
[쥬 헤스뜨 아/당/셰]

· 호텔에 묵을 거예요.

Je reste dans un hôtel.
[쥬 헤스뜨 당저노뗄.]

· 게스트 하우스에 묵을 거예요.

Je reste dans une maison d'hôtes.
[쥬 헤스뜨 당쥔 메종 도뜨.]

· 친척 집에 묵을 거예요.

Je reste chez des proches.
[쥬 헤스뜨 셰 데 프호슈.]

18 여기 ~ 동안 있을 거예요 🐾

je vais rester
[쥬 베 헤스떼]

· 3일 동안 있을 거예요.
Je vais rester trois jours.
[쥬 베 헤스떼 트후아 쥬흐]

· 1주일 동안 있을 거예요.
Je vais rester une semaine.
[쥬 베 헤스떼 윈 쓰멘]

· 2주일 동안 있을 거예요.
Je vais rester deux semaines.
[쥬 베 헤스떼 두 쓰멘]

· 한 달 동안 있을 거예요.
Je vais rester un mois.
[쥬 베 헤스떼 앙 무아]

TIP 1 un [앙], 2 deux [두], 3 trois [트후아], 4 quatre [꺄트흐], 5 cinq [쌍끄], 6 six [씨쓰],
7 sept [쎄뜨], 8 huit [위뜨], 9 neuf [뇌프], 10 dix [디쓰]

19 수하물 찾는 곳 🧳

retrait des bagages
[흐트헤 데 바가쥬]

· 수하물 어디서 찾아요?
Où est-ce que je récupère mon bagage ?
[우 에 쓰 끄 쥬 헤뀨뻬흐 몽 바가쥬?]

· 수하물 찾는 곳이 어디예요?
Où se trouve le retrait des bagages ?
[우 쓰 트후브 르 흐트헤 데 바가쥬?]

· 수하물 찾는 곳으로 데려가 주세요.
Pouvez-vous m'accompagner jusqu'au retrait des bagages, s'il vous plaît ?
[뿌베 부 마꽁빠녜 쥐스꼬 흐트헤 데 바가쥬, 씰 부 쁠레?]

20 카트 🛒

chariot à bagages
[샤히오 아 바가쥬]

· 카트 어딨어요?
Où sont les chariots à bagages ?
[우 쏭 레 샤히오 아 바가쥬?]

· 카트 공짜예요?
Les chariots à bagages sont-ils gratuits ?
[레 샤히오 아 바가쥬 쏭 띨 그하뛰?]

· 카트 고장났나 봐요.
Le chariot ne fonctionne pas.
[르 샤히오 느 퐁씨온 빠.]

· 카트가 없는데요.
Il n'y a pas de chariots à bagages.
[일 냐 빠 드 샤히오 아 바가쥬.]

21 분실 👜

perdu
[뻬흐뒤]

· 제 짐이 없는데요.
J'ai perdu mon bagage.
[제 뻬흐뒤 몽 바가쥬.]

· 제 짐이 안 나왔어요.
Mon bagage n'est pas arrivé.
[몽 바가쥬 네 빠 자히베.]

· 제 짐을 분실했나 봐요.
Je pense avoir perdu mon bagage.
[쥬 뻥쓰 아부아 뻬흐뒤 몽 바가쥬.]

22 제 거예요 🧳

c'est à moi
[쎄따 무아]

· 이 캐리어 제 거예요.
Cette valise est à moi.
[쎄뜨 발리즈 에따 무아.]

· 이 카트 제 거예요.
Ce chariot est à moi.
[쓰 샤히오 에따 무아.]

23 신고하다

déclarer
[데끌라헤]

- · 신고할 물건 없어요.
  Je n'ai rien à déclarer.
  [쥬 네 히앙 아 데끌라헤.]

- · 신고할 물건 있어요.
  J'ai quelque chose à déclarer.
  [제 껠끄 쇼즈 아 데끌라헤.]

- · 신고하려면 어디로 가죠?
  Où est-ce que je dois déclarer ?
  [우 에 쓰 끄 쥬 두아 데끌라헤?]

24 선물

cadeau
[까도]

- · 이건 선물할 거예요.
  C'est un cadeau.
  [쎄땅 까도.]

- · 이건 선물 받은 거예요.
  J'ai reçu ça comme cadeau.
  [제 흐쒸 싸 꼼 까도.]

- · 선물로 산 거예요.
  J'ai acheté ça comme cadeau.
  [제 아슈떼 싸 꼼 까도.]

25 한국 음식

nourriture coréenne
[누히뛰흐 꼬헤엔느]

- · 이거 한국 음식이에요.
  C'est de la nourriture coréenne.
  [쎄 들라 누히뛰흐 꼬헤엔느.]

- · 김이에요.
  C'est de l'algue séchée.
  [쎄 드 랄그 쎄셰.]

· 미숫가루예요.
C'est un mélange de grains en poudre.
[쎄 땅 멜랑쥬 드 그항 엉 뿌드흐.]

· 고추장이에요.
C'est de la pâte de piment.
[쎄 들라 빠뜨 드 삐멍.]

· 김치예요.
C'est du kimchi.
[쎄 뒤 김치.]

· 이상한 거 아니에요.
Ce n'est rien de bizarre.
[쓰 네 히앙 드 비자흐.]

26 출구 🏃

sortie
[쏙띠]

· 출구 어디예요?
Où est la sortie ?
[우 에 라 쏙띠?]

· 출구는 어느 쪽이에요?
Par où est la sortie ?
[빠흐 우 에 라 쏙띠?]

· 출구를 못 찾겠어요.
Je ne trouve pas la sortie.
[쥬 느 트후브 빠 라 쏙띠.]

· 출구로 데려다주세요.
Pouvez-vous m'accompagner jusqu'à la sortie, s'il vous plaît ?
[뿌베 부 마꽁빠녜 쥐스까 라 쏙띠, 씰 부 쁠레?]

27 여행 안내소 ℹ️

centre d'informations
[썽트흐 당포흐마씨옹]

· 여행 안내소 어디예요?
Où se trouve le centre d'informations ?
[우 쓰 트후브 르 썽트흐 당포흐마씨옹?]

· 여행 안내소로 데려다 주세요.

Pouvez-vous m'accompagner jusqu'au centre d'informations, s'il vous plaît ?
[뿌베 부 마꽁빠녜 쥐스꼬 썽트흐 당포흐마씨옹, 씰 부 쁠레?]

· 지도 좀 주세요.

Puis-je avoir une carte, s'il vous plaît ?
[쀠 쥬 아부아흐 윈 꺅뜨, 씰 부 쁠레?]

· 한국어 지도 있어요?

Avez-vous une carte en coréen ?
[아베 부 윈 꺅뜨 엉 꼬헤앙?]

28 환전

échange de devises
[에셩쥬 드 드비즈]

· 환전하는 데 어디예요?

Où se trouve le comptoir d'échange de devises ?
[우 쓰 트후브 르 꽁뚜아흐 데셩쥬 드 드비즈?]

· 환전하는 데 데려다주세요.

Pouvez-vous m'accompagner jusqu'au comptoir d'échange de devises, s'il vous plaît ?
[뿌베 부 마꽁빠녜 쥐스꼬 꽁뚜아흐 데셩쥬 드 드비즈, 씰 부 쁠레?]

· 환전하려고 하는데요.

J'aimerais échanger de l'argent.
[제므헤 에셩제 드 라흐정.]

· 잔돈으로 주세요.

En petites coupures, s'il vous plaît.
[엉 쁘띠뜨 꾸쀠흐, 씰 부 쁠레.]

29 택시

taxi
[딱씨]

· 택시 어디서 탈 수 있어요?

Où puis-je trouver un taxi ?
[우 쀠 쥬 트후베 앙 딱씨?]

· 택시 타는 데 데려다주세요.

Pouvez-vous m'accompagner jusqu'à la station de taxi, s'il vous plaît ?
[뿌베 부 마꽁빠녜 쥐스까 라 스따씨옹 드 딱씨, 씰 부 쁠레?]

· 택시 타면 비싼가요?

Le taxi est-il cher ?
[르 딱씨 에 띨 셰흐?]

· 택시 타고 시내 가려고요.

Je vais au centre-ville en taxi.
[쥬 베 오 썽트흐빌 잉 딱씨.]

· 택시 대신 뭐 탈 수 있어요?

Puis-je utiliser autre chose que le taxi ?
[쀠 쥬 위띨리제 오트흐 쇼즈 끄 르 딱씨?]

30 셔틀버스

navette
[나베뜨]

· 셔틀버스 어디서 타요?

Où puis-je prendre une navette ?
[우 쀠 쥬 프헝드흐 윈 나베뜨?]

· 셔틀버스 몇 시에 출발해요?

A quelle heure part la navette ?
[아 껠 뢰흐 빠흐 라 나베뜨?]

· 이 셔틀버스 시내 가요?

Est-ce que la navette se rend au centre-ville ?
[에 쓰 끄 라 나베뜨 쓰 헝 오 썽트흐빌?]

· 셔틀버스 얼마예요?

Combien coûte la navette ?
[꽁비앙 꾸뜨 라 나베뜨?]

TIP 셔틀버스 티켓은 정류장 주변에 있는 발권기 혹은 운전기사에게 직접 구매할 수 있다.

31 제일 가까운 ↔ le/la plus proche
[르/라 쁠뤼 프호슈]

· 가까운 호텔이 어디죠?
Où est l'hôtel le plus proche ?
[우 에 로뗄 르 쁠뤼 프호슈?]

· 가까운 레스토랑이 어디죠?
Où est le restaurant le plus proche ?
[우 에 르 헤스또헝 르 쁠뤼 프호슈?]

· 가까운 카페가 어디죠?
Où est le café le plus proche ?
[우 에 르 까페 르 쁠뤼 프호슈?]

· 가까운 화장실이 어디죠?
Où sont les toilettes les plus proches ?
[우 쏭 레 뚜알레뜨 레 쁠뤼 프호슈?]

· 가까운 지하철역이 어디죠?
Où est la station de métro la plus proche ?
[우 에 라 스따씨옹 드 메트호 라 쁠뤼 프호슈?]

맛있는 프랑스

1. 치즈 Fromages

미식의 나라 프랑스에서 가장 사랑받는 유제품인 치즈! 62%의 프랑스인이 매일 식사 때 치즈를 먹는다고 한다. 가장 유명한 까망베르(Camembert), 브리(Brie), 꽁떼(Comté)를 포함하여 천 가지가 넘는 다양한 종류의 치즈가 있다. 농경문화가 발달하면서부터 생겨난 치즈는 그 긴 역사와 함께 프랑스인들에게 음식 이상의 중요한 의미를 지니고 있다. Cantal(껑딸), Brie(브히), Comté(꽁떼)는 프랑스를 대표하는 치즈이자 한국인들의 입맛에도 잘 맞으니, 프랑스에 가면 잊지 말고 꼭 맛보기를 추천한다.

활용해보세요!

· 어디에서 치즈를 찾을 수 있나요?

Où puis-je trouver du fromage ?
[우 쀠 쥬 트후베 뒤 프호마쥬?]

· 이 근처에 치즈 가게가 있나요?

Est-ce qu'il y a une fromagerie près d'ici ?
[에 쓰 낄 야 윈 프호마쥬히 프헤 디씨?]

· 까망베르 치즈 좀 사려고요.

Je vais prendre un peu de camembert.
[쥬 베 프헝드흐 앙 쁘 드 까멍베흐.]

· 라클렛 치즈가 필요해요.

Il me faut du fromage à raclette.
[일 므 포 뒤 프호마쥬 아 하끌레뜨.]

위급상황

필요한 단어

빨리찾아 말하면 OK!

· 인터넷 쓸 수 있는 데 있어요?
Où est-ce que je peux utiliser Internet ?
[우 에 쓰 끄 쥬 뿌 위띨리제 앙떼흐넷?]

· 와이파이 터지는 데 있어요?
Où est-ce que je peux utiliser la WIFI ?
[우 에 쓰 끄 쥬 뿌 위띨리제 라 위피?]

· 현금 지급기 어딨어요?
Où est-ce qu'il y a un distributeur ?
[우 에 쓰 낄 야 양 디스트히뷔뙤흐?]

· 휴대폰 대여하는 데 어디예요?
Où est-ce que je peux louer un téléphone portable ?
[우 에 쓰 끄 쥬 뿌 루에 앙 뗄레폰 뽁따블르?]

· 전화할 수 있는 데 어디예요?
Où est-ce que je peux passer un appel ?
[우 에 쓰 끄 쥬 뿌 빠쎄 아 나뻴?]

· 전화 좀 쓸 수 있을까요?
Puis-je passer un appel, s'il vous plaît ?
[쀠 쥬 빠쎄 아 나뻴, 씰 부 쁠레?]

· 편의점 어딨어요?
Où est la supérette, s'il vous plaît ?
[우 에 라 쒸뻬헷뜨, 씰 부 쁠레?]

· 약국 어딨어요?
Où est la pharmacie, s'il vous plaît ?
[우 에 라 파흐마씨, 씰 부 쁠레?]

· 아스피린 있어요?
Avez-vous de l'aspirine ?
[아베부 드 라스피힌?]

· 생리통 약 있어요?
Avez-vous un médicament contre les règles douloureuses ?
[아베 부앙 메디까멍 꽁트흐 레 헤글르 둘루흐즈?]

· 흡연 구역 어디예요?
Où se trouve la zone fumeur ?
[우 쓰 트후브 라 존 퓌뫼흐?]

· 라이터 있으세요?
Avez-vous du feu, s'il vous plaît ?
[아베 부 뒤 푸, 씰 부 쁠레?]

TIP 무료 인터넷은 WIFI gratuit [위피 그하뛰]

실제상황 여행 프랑스어

Je suis coréenne.
나는 한국 사람입니다.

남성이면, **je suis coréen.**

C'est vous ?
본인 맞습니까?

쌍꺼풀만 했는데...

한국 의술이
보통이 아니군....

자신 있게 외쳐라~
Parlez avec assurance !

이거 제 (짐)가방입니다.

C'est ma valise.
[쎄 마 발리즈.]

저는 한국 사람입니다.

(남자일 때) **Je suis coréen.**
[쥬 쒸 꼬헤앙.]

(여자일 때) **Je suis coréenne.**
[쥬 쒸 꼬헤엔느.]

환승하는 곳이 어디죠?

Où dois-je faire le changement ?
[우 두아 쥬 페흐 르 셩쥬멍?]

PART 03

거리에서

거리에서

많은 단어를 알 필요 없다
왜? 말할 게 뻔하니까!

01 **어딨어요**
où est
[우 에]

02 **어떻게 가요**
comment je peux aller
[꼬멍 쥬 뿌 알레]

03 **찾다**
chercher
[셰셰]

04 **길**
chemin
[슈망]

05 **주소**
adresse
[아드헤쓰]

06 **지도**
carte
[꺅뜨]

07 **오른쪽**
droite
[드후아뜨]

08 **왼쪽**
gauche
[고슈]

09 **구역**
pâté
[빠떼]

10 **거리**
rue
[휘]

11 **모퉁이**
coin
[꾸앙]

거리

빨리찾아 읽으세요

01 어딨어요 ?

où est
[우 에]

· 여기 어딨어요?	**Où est-ce que c'est ?** [우 에쓰끄 쎄?]
· 이 레스토랑 어딨어요?	**Où est ce restaurant ?** [우 에 쓰 헤스또헝?]
· 이 백화점 어딨어요?	**Où est ce grand magasin ?** [우 에 쓰 그헝 마가장?]
· 박물관 어딨어요?	**Où est ce musée ?** [우 에 쓰 뮈제?]
· 미술관 어딨어요?	**Où est cette galerie d'art ?** [우 에 쎄뜨 걀르히 다흐?]
· 버스 정류장 어딨어요?	**Où est l'arrêt de bus ?** [우 에 라헤 드 뷔스?]
· 지하철역 어딨어요?	**Où est la station de métro ?** [우 에 라 스따씨옹 드 메트호?]
· 택시 정류장 어딨어요?	**Où est la station de taxi ?** [우 에 라 스따씨옹 드 딱씨?]

02 어떻게 가요

comment je peux aller
[꼬멍 쥬 뿌 알레]

· 여기 어떻게 가요?	**Comment je peux aller ici ?** [꼬멍 쥬 뿌 알레 이씨?]

· 저기 어떻게 가요?

Comment je peux aller là ?
[꼬멍 쥬 뿌 알레 라?]

· 이 주소로 어떻게 가요?

Comment je peux aller à cette adresse ?
[꼬멍 쥬 뿌 알레 아 쎄 따드헤쓰?]

· 이 건물 어떻게 가요?

Comment je peux aller à cet immeuble ?
[꼬멍 쥬 뿌 알레 아 쎄 띠뫼블르?]

· 이 레스토랑 어떻게 가요?

Comment je peux aller à ce restaurant ?
[꼬멍 쥬 뿌 알레 아 쓰 헤스또헝?]

· 이 박물관 어떻게 가요?

Comment je peux aller à ce musée ?
[꼬멍 쥬 뿌 알레 아 쓰 뮈제?]

· 버스 정류장 어떻게 가요?

Comment je peux aller à l'arrêt de bus ?
[꼬멍 쥬 뿌 알레 아 라헤 드 뷔스?]

· 지하철역 어떻게 가요?

Comment je peux aller à la station de métro ?
[꼬멍 쥬 뿌 알레 알라 스따씨옹 드 메트호?]

· 택시 정류장 어떻게 가요?

Comment je peux aller à la station de taxi ?
[꼬멍 쥬 뿌 알레 알라 스따씨옹 드 딱씨?]

03 찾다 🔍

chercher
[셰셰]

· 저 여기 찾아요.

Je cherche cet endroit.
[쥬 셱슈 쎄 떵드후아.]

· 이 주소 찾아요.

Je cherche cette adresse.
[쥬 셱슈 쎄 따드헤쓰.]

· 레스토랑 찾아요.

Je cherche un restaurant.
[쥬 셱슈 앙 헤스또헝.]

· 버스 정류장 찾아요.

Je cherche l'arrêt de bus.
[쥬 섹슈 라헤 드 뷔스.]

· 택시 정류장 찾아요.

Je cherche la station de taxi.
[쥬 섹슈 라 스따씨옹 드 딱씨.]

· 지하철역 찾아요.

Je cherche la station de métro.
[쥬 섹슈 라 스따씨옹 드 메트호.]

04 길 🛣

chemin
[슈망]

· 이 길이 맞아요?

Est-ce le bon chemin ?
[에 쓰 르 봉 슈망?]

· 길 좀 알려줄 수 있어요?

Pouvez-vous m'indiquer le chemin, s'il vous plaît ?
[뿌베 부 망디께르 슈망, 씰 부 쁠레?]

· 이 방향이 맞아요?

Est-ce la bonne direction ?
[에 쓰 라 본 디헥씨옹?]

· 이 길이 아닌 것 같아요.

Je pense que c'est le mauvais chemin.
[쥬 뺑쓰 끄 쎄 르 모베 슈망.]

05 주소 🏠

adresse
[아드헤쓰]

· 이 주소 어디예요?

Où se trouve cette adresse ?
[우 쓰 트후브 쎄따드헤쓰?]

· 이 주소 어떻게 가요?

Comment je peux aller à cette adresse ?
[꼬멍 쥬 뿌 알레 아 쎄따드헤쓰?]

· 이 주소 아세요? **Connaissez-vous cette adresse ?**
[꼬네쎄 부 쎄 따드헤쓰?]

· 이 주소로 데려다주세요. **Pouvez-vous m'accompagner à cette adresse, s'il vous plaît ?**
[뿌베 부 마꽁빠녜 아 쎄따드헤쓰, 씰 부 쁠레?]

거리

06 지도 carte
[꺅뜨]

· 이 지도가 맞아요? **Cette carte est-elle correcte ?**
[쎄뜨 꺅뜨 에 뗄 꼬헥뜨?]

· 지도의 여기가 어디예요? **Où se trouve cet endroit ?**
[우 쓰 트후브 쎄떵드후아?]

· 약도 좀 그려줘요. **Pouvez-vous me dessiner le chemin, s'il vous plaît ?**
[뿌베 부 므 데씨네 르 슈망, 씰 부 쁠레?]

07 오른쪽 droite
[드후아뜨]

· 오른쪽으로 가요. **tournez à droite.**
[뚜흐네 아 드후아뜨.]

· 오른쪽 모퉁이를 돌아요. **Tournez au coin à droite.**
[뚜흐네 오 꾸앙 아 드후아뜨.]

· 오른쪽으로 계속 가요. **Continuez sur la droite.**
[꽁띠뉘에 쒸흐 라 드후아뜨.]

· 오른쪽 건물이에요. **C'est le bâtiment à droite.**
[쎄 르 바띠멍 아 드후아뜨.]

08 왼쪽 🏴

gauche
[고슈]

· 왼쪽으로 가요.
Tournez à gauche.
[뚜흐네 아 고슈.]

· 왼쪽 모퉁이를 돌아요.
Tournez au coin à gauche.
[뚜흐네 오 꾸앙 아 고슈.]

· 왼쪽으로 계속 가요.
Continuez sur la gauche.
[꽁띠뉴에 쒸흐 라 고슈.]

· 왼쪽 건물이에요.
C'est le bâtiment à gauche.
[쎄 르 바띠멍 아 고슈.]

09 구역 🇵

pâté
[빠떼]

· 이 구역을 돌아서 가요.
Faites le tour de ce pâté.
[페뜨 르 뚜흐 드 쓰 빠떼.]

· 두 개 더 가야 돼요.
Vous devez aller deux pâtés en plus.
[부 드베 알레 두 빠떼 엉 쁠뤼스.]

· 하나 더 가야 돼요.
Vous devez aller un pâté supplémentaire.
[부 드베 알레 앙 빠떼 쒸쁠레멍떼흐.]

· 이 구역을 따라 쭉 내려가요.
Continuez tout droit en suivant ce pâté.
[꽁띠뉘에 뚜 드후아 엉 쒸벙 쓰 빠떼.]

· 그 빌딩은 다음 구역에 있어요.
Le bâtiment se trouve au prochain pâté.
[르 바띠멍 쓰 트후브 오 프호샹 빠떼.]

10 거리

rue
[휘]

· 빅토르 위고 거리 어디예요? — Je cherche la rue Victor-Hugo.
[쥬 섹슈 라 휘 빅또흐 위고.]

· 빅토르 위고 거리로 데려다 줘요. — Pouvez-vous m'accompagner à la rue Victor-Hugo, s'il vous plaît ?
[뿌베 부 마꽁빠녜 알 라 휘 빅또흐 위고, 씰 부 쁠레?]

· 이 거리를 따라 쭉 내려가요. — Continuez tout droit dans cette rue.
[꽁띠뉘에 뚜 드후아 덩 쎄뜨 휘.]

· 이 다음 거리에 있어요. — C'est la prochaine rue.
[쎄 라 프호셴 휘.]

11 모퉁이

coin
[꾸앙]

· 이 모퉁이를 돌면 있어요. — C'est au coin de la rue.
[쎄 또 꾸앙 들 라 휘.]

· 여기 돌면 있다고 했는데… — Je pense que c'est au coin de la rue.
[쥬 뻥쓰 끄 쎄 또 꾸앙 들 라 휘.]

· 여기 돌면 이 건물이 있어요? — Ce bâtiment se trouve-t-il au coin de la rue ?
[쓰 바띠멍 쓰 트후브 띨 오 꾸앙 들 라 휘?]

· 여기 말고 다음 거 가셔야 돼요. — Pas celui-là, au prochain coin de la rue.
[빠 쓰뤼 라, 오 프호샹 꾸앙 들 라 휘.]

12 골목

rue
[휘]

· 이 골목으로 들어가요?
Dois-je aller dans cette rue ?
[두아 쥬 알레 덩 쎄뜨 휘?]

· 이 골목으로 들어가요.
Allez dans cette rue.
[알레 덩 쎄뜨 휘.]

· 이 골목은 아니에요.
Ce n'est pas cette rue.
[쓰 네 빠 쎄뜨 휘.]

· 다음 골목이에요.
C'est la prochaine rue.
[쎄 라 프호셴 휘.]

· 이 골목은 위험해요.
Cette rue est dangereuse.
[쎄뜨 휘 에 당쥬후즈.]

13 횡단보도

passage piéton
[빠싸쥬 삐에똥]

· 횡단보도 어디예요?
Où est le passage piéton ?
[우 에 르 빠싸쥬 삐에똥?]

· 횡단보도 멀어요?
Le passage piéton est loin d'ici ?
[르 빠싸쥬 삐에똥 에 루앙 디씨?]

· 횡단보도 어떻게 가요?
Comment puis-je aller au passage piéton ?
[꼬멍 쀠 쥬 알레 오 빠싸쥬 삐에똥?]

· 여기서 건너야 돼요.
Vous devez traverser ici.
[부 드베 트하벡세 이씨.]

14 걷다 🚶

marcher
[막셰]

· 여기서 걸어갈 수 있어요?
Puis-je y aller à pied ?
[쀠 쥬 이 알레 아 삐에?]

· 얼마나 걸어요?
Combien de temps ça prend en marchant ?
[꽁비앙 드 떵 싸 프헝 엉 막셩?]

· 뛰어서 가면요?
Combien de temps ça prend en courant ?
[꽁비앙 드 떵 싸 프헝 엉 꾸헝?]

· 걷기 싫은데 뭐 타면 돼요?
Je n'aime pas marcher. Est-ce que je peux m'y rendre avec un moyen de transport ?
[쥬 넴 빠 막셰. 에 쓰 끄 쥬 뿌 미 헝드흐 아벡 깡 무아양 드 트헝스뽀흐?]

거리

15 얼마나 걸려요 ⏱?

combien de temps
[꽁비앙 드 떵]

· 여기서 얼마나 걸려요?
Combien de temps ça prend d'ici ?
[꽁비앙 드 떵 싸 프헝 디씨?]

· 걸어서 얼마나 걸려요?
Combien de temps ça prend à pied ?
[꽁비앙 드 떵 싸 프헝 아 삐에?]

· 버스로 얼마나 걸려요?
Combien de temps ça prend en bus ?
[꽁비앙 드 떵 싸 프헝 엉 뷔스?]

· 지하철로 얼마나 걸려요?
Combien de temps ça prend en métro ?
[꽁비앙 드 떵 싸 프헝 엉 메트호?]

· 택시로 얼마나 걸려요?
Combien de temps ça prend en taxi ?
[꽁비앙 드 떵 싸 프헝 엉 딱씨?]

호텔 144p   식당 174p   관광 212p   쇼핑 236p   귀국 258p

16 고마워요 🔊

merci
[멕씨]

· 고마워요.
Merci.
[멕씨.]

· 도와줘서 고마워요.
Merci de votre aide.
[멕씨 드 보트흐 에드.]

· 당신 덕분에 살았어요.
Vous m'avez sauvé la vie.
[부 마베 쏘베 라 비.]

맛있는 프랑스

2. 바게트 Baguettes

우리나라에서도 프랑스인 하면 길쭉한 바게트를 한 아름 들고 있는 사람의 이미지를 가장 먼저 떠올릴 민큼 바게트는 프랑스를 상징하는 빵이라 할 수 있다. 바게트는 '막대기'라는 뜻의 프랑스어로, 길쭉하게 생긴 모양 때문에 이런 이름이 붙었으며, 설탕, 유지, 계란을 넣지 않고 밀가루와 물을 넣고 만들어 겉은 딱딱하며 속에는 증기를 머금어 구멍이 많은 것이 특징이다. 프랑스의 모든 식당에서 식사와 함께 바게트를 제공하며, 빵집이나 슈퍼마켓에서도 쉽게 구매할 수 있다. 버터나 과일 잼, 혹은 햄을 넣어 아침 식사로 먹기도 하는 바게트는 우리나라의 밥처럼 거의 모든 식사에 빠지지 않는다고 할 수 있다.

활용해보세요!

· 어디에서 바게트를 찾을 수 있나요?	**Où puis-je trouver des baguettes ?** [우 쀠 쥬 트후베 데 바게뜨?]
· 이 근처에 빵집이 있나요?	**Est-ce qu'il y a une boulangerie près d'ici ?** [에 쓰 낄 야 윈 불랑쥬히 프헤 디씨?]
· 바게트 있어요?	**Avez-vous des baguettes ?** [아베 부 데 바게뜨?]
· 바게트 하나 주세요.	**Une baguette, s'il vous plaît.** [윈 바게뜨, 씰 부 쁠레.]
· 바게트 하나에 얼마예요?	**Combien coûte une baguette ?** [꽁비앙 꾸뜨 윈 바게뜨?]

위급상황

필요한 단어

01 **길 잃은**
perdu
[뻬흐뒤]

02 **도둑맞은**
volé
[볼레]

03 **공중화장실**
toilettes publiques
[뚜알레뜨 쀠블리끄]

04 **저 돈 없어요**
Je n'ai pas d'argent.
[쥬 네 빠 다흐정.]

빨리찾아 말하면 OK!

거리

· 저(남성) 길을 잃었어요.
Je me suis perdu.
[쥬 므 쒸 뻬흐뒤.]

· 저(여성) 길을 잃었어요.
Je me suis perdue.
[쥬 므 쒸 뻬흐뒤.]

· 저(남성) 여행객인데, 도와 주세요.
Je suis un touriste. Pouvez-vous m'aider, s'il vous plaît ?
[쥬 쒸 쟝 뚜히스뜨. 뿌베 부 메데, 씰 부 쁠레?]

· 저(여성) 여행객인데, 도와 주세요.
Je suis une touriste. Pouvez-vous m'aider, s'il vous plaît ?
[쥬 쒸 쥔 뚜히스뜨. 뿌베 부 메데, 씰 부 쁠레?]

· 소매치기 당했어요!
On m'a volé mon argent !
[옹 마 볼레 모 나흐졍!]

· 경찰 불러줘요!
Appelez la police !
[아쁠레 라 뽈리쓰!]

· 저기 도둑이에요! 잡아!
Au voleur ! Attrapez-le !
[오 볼뢰흐! 아트하뻬 르!]

· 공중화장실 어디 있나요?
Où sont les toilettes publiques ?
[우 쏭 레 뚜알레뜨 쀠블리끄?]

· 화장실 좀 써도 되나요?
Puis-je utiliser vos toilettes, s'il vous plaît ?
[쀠 쥬 위띨리제 보 뚜알레뜨, 씰 부 쁠레?]

· 저(남성) 정말… 급해요.
Je suis vraiment pressé.
[쥬 쒸 브헤멍 프헤쎄.]

· 저(여성) 정말… 급해요.
Je suis vraiment pressée.
[쥬 쒸 브헤멍 프헤쎄.]

· 저 돈 없어요.
Je n'ai pas d'argent.
[쥬 네 빠 다흐졍.]

· 진짜예요.
Vraiment !
[브헤멍!]

· 소리 지를 거예요!
Je vais crier !
[쥬 베 크히에!]

Comment je peux aller ici ?

여기에 어떻게 가야하나요 ?

자신 있게 외쳐라~
Parlez avec assurance !

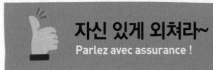

개선문에 어떻게 가야하나요?

Comment je peux aller à l'Arc de triomphe ?
[꼬멍 쥬 뿌 알레 아 락끄 드 트히옹프?]

에펠탑에 어떻게 가야하나요?

Comment je peux aller à la tour Eiffel ?
[꼬멍 쥬 뿌 알레 알라 뚜흐 에펠?]

미안합니다.

Je suis désolée.
[쥬 쒸 데졸레.]

실례합니다.

Pardon.
[빠흐동.]

PART 04

택시와
버스에서

택시 &
버스에서

많은 단어를 알 필요 없다
왜? 말할 게 뻔하니까 !

01	택시 정류장	**station de taxi** [스따씨옹 드 딱씨]
02	~로 가주세요	**allez à** [알레 아]
03	주소	**adresse** [아드헤쓰]
04	기본 요금	**tarif de base** [따히프 드 바즈]
05	요금	**tarif** [따히프]
06	트렁크	**coffre** [꼬프흐]
07	더 빨리	**plus vite** [쁠뤼 비뜨]
08	세워주세요	**arrêtez-vous** [아헤떼 부]
09	잔돈	**monnaie** [모네]
10	신용카드	**carte de crédit** [꺅뜨 드 크헤디]
11	버스 정류장	**arrêt de bus** [아헤 드 뷔스]

택시
&
버스

빨리찾아 읽으세요

01 택시 정류장 🚕 station de taxi
[스따씨옹 드 딱씨]

· 택시 정류장 어디예요?
Où se trouve la station de taxi ?
[우 쓰 트후브 라 스따씨옹 드 딱씨?]

· 택시 정류장이 가까워요?
La station de taxi est-elle proche ?
[라 스따씨옹 드 딱씨 에 뗄 프호슈?]

· 택시 어디서 탈 수 있어요?
Où est-ce que je peux prendre un taxi ?
[우 에 쓰 끄 쥬 뿌 프헝드흐 앙 딱씨?]

· 택시 정류장 걸어갈 수 있어요?
Est-ce que je peux marcher à la station de taxi ?
[에 쓰 끄 쥬 뿌 막셰 알라 스따씨옹 드 딱씨?]

02 ~로 가주세요 👌 allez à
[알레 아]

· 여기로 가주세요.
Allez ici, s'il vous plaît.
[알레 이씨, 씰 부 쁠레.]

· 이 주소로 가주세요.
Allez à cette adresse, s'il vous plaît.
[알레 아 쎄 따드헤쓰, 씰 부 쁠레.]

· 이 호텔로 가주세요.
Allez à cet hôtel, s'il vous plaît.
[알레 아 쎄 또뗄, 씰 부 쁠레.]

· 이 박물관으로 가주세요.
Allez à ce musée, s'il vous plaît.
[알레 아 쓰 뮤제, 씰 부 쁠레.]

· 이 미술관으로 가주세요.
Allez à cette galerie d'art, s'il vous plaît.
[알레 아 쎄뜨 갈르히 다흐, 씰 부 쁠레.]

· 이 공원으로 가주세요.
Allez à ce parc, s'il vous plaît.
[알레 아 쓰 빠끄, 씰 부 쁠레.]

· 시내로 가주세요.
Au centre ville, s'il vous plaît.
[오 썽트흐 빌, 씰 부 쁠레.]

· 오를리 공항으로 가주세요.
A l'aéroport Orly, s'il vous plaît.
[아 라헤오뽀흐 오흘리, 씰 부 쁠레.]

03 주소

adresse
[아드헤쓰]

· 이 주소로 가주세요.
Allez à cette adresse, s'il vous plaît.
[알레 아 쎄 따드헤쓰, 씰 부 쁠레.]

· 이 주소 어딘지 아세요?
Connaissez-vous cette adresse ?
[꼬네쎄 부 쎄 따드헤쓰?]

· 이 주소가 이상해요.
Cette adresse est bizarre.
[쎄 따드헤쓰 에 비자흐.]

· 이 주소에서 가까운 데로
가주세요.
**Allez au plus proche de cette adresse,
s'il vous plaît.**
[알레 오 쁠뤼 프호슈 드 쎄 따드헤쓰, 씰 부
쁠레.]

04 기본 요금

tarif de base
[따히프 드 바즈]

· 기본 요금이 얼마예요?
De combien est le tarif de base ?
[드 꽁비앙 에 르 따히프 드 바즈?]

· 기본 요금이 비싸요.
Le tarif de base est trop élevé.
[르 따히프 드 바즈 에 트호 엘르베.]

호텔 144p   식당 174p   관광 212p   쇼핑 236p   귀국 258p   113

05 요금 🎰

tarif
[따히프]

· 요금이 얼마예요?
Le tarif est de combien ?
[르 따히프 에 드 꽁비앙?]

· 요금 얼마 드려야 되죠?
Combien je vous dois ?
[꽁비앙 쥬 부 두아?]

· 요금이 비싸요.
C'est trop cher.
[쎄 트호 셰흐.]

· 현금으로 할게요.
Je vais payer en espèces.
[쥬 베 뻬이에 어 네스뻬쓰.]

06 트렁크 🧳

coffre
[꼬프흐]

· 트렁크 열어주세요.
Pouvez-vous ouvrir le coffre, s'il vous plaît ?
[뿌베 부 우브히흐 르 꼬프흐, 씰 부 쁠레?]

· 트렁크 안 열려요.
Le coffre ne s'ouvre pas.
[르 꼬프흐 느 쑤브흐 빠.]

· 이거 넣는 것 좀 도와주세요.
Pouvez-vous m'aider à mettre cela ?
[뿌베 부 메데 아 메트흐 쏠라?]

· 이거 내리는 것 좀 도와주세요.
Pouvez-vous m'aider à retirer cela ?
[뿌베 부 메데 아 흐띠헤 쏠라?]

· 팁 드릴게요.
Je vais vous donner un pourboire.
[쥬 베 부 도네 앙 뿌흐부아흐.]

07 더 빨리 🐾

plus vite
[쁠뤼 비뜨]

· 더 빨리 가주실 수 없나요? **Pouvez-vous aller plus vite, s'il vous plaît ?**
[뿌베 부 알레 쁠뤼 비뜨, 씰 부 쁠레?]

· 더 빨리 가주세요. **Plus vite, s'il vous plaît.**
[쁠뤼 비뜨, 씰 부 쁠레.]

· 더 빨리 가야 돼요. **Je dois aller plus vite.**
[쥬 두아 알레 쁠뤼 비뜨.]

08 세워주세요 🛑

arrêtez-vous
[아헤떼 부]

· 여기서 세워주세요. **Arrêtez-vous ici, s'il vous plaît.**
[아헤떼 부 이씨, 씰 부 쁠레.]

· 횡단보도에서 세워주세요. **Arrêtez-vous au passage piéton, s'il vous plaît.**
[아헤떼 부 오 빠싸쥬 삐에똥, 씰 부 쁠레.]

· 모퉁이 돌아서 세워주세요. **Arrêtez-vous au coin, s'il vous plaît.**
[아헤떼 부 오 꾸앙, 씰 부 쁠레.]

· 한 구역 더 가서 세워주세요. **Arrêtez-vous au prochain pâté, s'il vous plaît.**
[아헤떼 부 오 프호샹 빠떼, 씰 부 쁠레.]

· 입구에 가서 세워주세요. **Arrêtez-vous à l'entrée, s'il vous plaît.**
[아헤떼 부 아 렁트헤, 씰 부 쁠레.]

택시 & 버스

09 잔돈 🪙

monnaie
[모네]

· 잔돈은 됐어요.

Gardez la monnaie.
[갸흐데 라 모네.]

· 잔돈 왜 안 줘요?

Puis-je avoir ma monnaie, s'il vous plaît ?
[쀠 쥬 아부아 마 모네, 씰 부 쁠레?]

· 동전으로 주세요.

Puis-je avoir de la monnaie, s'il vous plaît ?
[쀠 쥬 아부아 들라 모네, 씰 부 쁠레?]

10 신용카드 💳

carte de crédit
[꺅뜨 드 크헤디]

· 신용카드 되나요?

Acceptez-vous la carte de crédit ?
[악쎕떼 부 라 꺅뜨 드 크헤디?]

· 신용카드로 낼게요.

Je vais payer par carte de crédit.
[쥬 베 뻬이에 빠흐 꺅뜨 드 크헤디.]

· 현금 있어요.

J'ai de l'espèce.
[졔 드 레스뻬쓰.]

· 현금 없어요.

Je n'ai pas d'espèces.
[쥬 네 빠 데스뻬쓰.]

11 버스 정류장 🚌

arrêt de bus
[아헤 드 뷔스]

· 버스 정류장 어디예요?

Où est l'arrêt de bus ?
[우 에 라헤 드 뷔스?]

· 버스 정류장 가까워요?

Est-ce que l'arrêt de bus est proche ?
[에 쓰끄 라헤 드 뷔스 에 프호슈?]

· 버스 어디서 탈 수 있어요? **Où est-ce que je peux prendre un bus ?**
[우 에 쓰 끄 쥬 뿌 프헝드흐 앙 뷔스?]

· 버스 정류장 걸어갈 수 있 **Puis-je marcher jusqu'à l'arrêt de bus ?**
어요? [쀠 쥬 막셰 쥐스까 라헤 드 뷔스?]

12 ~행 버스

bus pour
[뷔스 뿌흐]

· 이거 시내 가는 버스예요? **Est-ce le bus pour le centre-ville ?**
[에 쓰 르 뷔스 뿌흐 르 썽트흐 빌?]

· 이거 오를리 공항 가는 버 **Est-ce le bus pour l'aéroport Orly ?**
스예요? [에 쓰 르 뷔스 뿌흐 라에흐뽀흐 오흘리?]

· 이거 지하철역 가는 버스 **Est-ce le bus pour la station de métro ?**
예요? [에 쓰 르 뷔스 뿌흐 라 스따씨옹 드 메트호?]

13 반대쪽

l'autre côté
[로트흐 꼬떼]

· 반대쪽에서 타야 됩니다. **Vous devez aller de l'autre côté.**
[부 드베 알레 드 로트흐 꼬떼.]

· 반대쪽으로 가려면 어디로 **Comment puis-je me rendre de l'autre**
가요? **côté ?**
[꼬멍 쀠 쥬 므 헝드흐 드 로트흐 꼬떼?]

· 반대쪽 버스가 시내에 가 **Est-ce que le bus dans l'autre sens va**
요? **au centre-ville ?**
[에 쓰 끄 르 뷔스 덩 로트흐 썽쓰 바 오 썽트
흐 빌?]

14 기다리다 ✋

attendre
[아떵드흐]

· 얼마나 기다려요?

Combien de temps dois-je attendre ?
[꽁비앙 드 떵 두아 쥬 아떵드흐?]

· 오래 기다려야 돼요?

Dois-je attendre longtemps ?
[두아 쥬 아떵드흐 롱떵?]

· 10분 기다리세요.

Vous devez attendre 10 minutes.
[부 드베 아떵드흐 디 미뉘뜨.]

· 기다리지 마세요. 여기 안 와요.

N'attendez pas. Le bus ne passe pas ici.
[나떵데 빠. 르 뷔스 느 빠쓰 빠 이씨.]

15 버스 요금 💵

tarif de bus
[따히프 드 뷔스]

· 버스 티켓이 얼마예요?

Combien coûte un ticket de bus ?
[꽁비앙 꾸뜨 앙 띠께 드 뷔스?]

· 버스 요금 현금으로 내요?

Puis-je payer en espèces ?
[쀠 쥬 뻬이에 어 네스뻬쓰?]

· 버스 요금은 어떻게 내요?

Comment puis-je payer ?
[꼬멍 쀠 쥬 뻬이에?]

16 환승 🚎

changement
[셩쥬멍]

· 어디서 환승해요?

Où dois-je faire le changement ?
[우 두아 쥬 페흐 르 셩쥬멍?]

· 몇 번으로 환승해요?

Quel bus dois-je prendre après ?
[껠 뷔스 두아 쥬 프헝드흐 아프헤?]

17 내려요

descendre
[데썽드흐]

· 저 여기서 내려요.

Je vais descendre ici.
[쥬 베 데썽드흐 이씨.]

· 저 어디서 내려요?

Où dois-je descendre ?
[우 두아 쥬 데썽드흐?]

· 여기서 내리는 거 맞아요?

Dois-je descendre ici ?
[두아 쥬 데썽드흐 이씨?]

· 내려야 할 때 알려주세요.

Dites-moi quand descendre, s'il vous plaît.
[디뜨 무아 껑 데썽드흐, 씰 부 쁠레.]

18 정거장

arrêt
[아헤]

· 몇 정거장 가야 돼요?

Pendant combien d'arrêts dois-je aller ?
[뻥덩 꽁비앙 다헤 두아 쥬 알레?]

· 이번 정거장에서 내리나요?

Dois-je descendre à cet arrêt ?
[두아 쥬 데썽드흐 아 쎄 따헤?]

· 제 정거장이에요?

Est-ce mon arrêt ?
[에 쓰 모 나헤?]

택시
&
버스

호텔 **144p**   식당 **174p**   관광 **212p**   쇼핑 **236p**   귀국 **258p**   119

위급상황

필요한 단어

빨리찾아 말하면 OK!

· 창문 좀 열어도 되죠? **Puis-je ouvrir la fenêtre ?**
[쀠 쥬 우브히흐 라 프네트흐?]

· 창문이 안 열려요. **La fenêtre est coincée.**
[라 프네트흐 에 꾸앙쎄.]

· 창문에 목이 끼었어요. **Ma tête est coincée dans la fenêtre.**
[마 떼뜨 에 꾸앙쎄 덩 라 프네트흐.]

· 문이 안 열려요. **Je ne peux pas ouvrir la porte.**
[쥬 느 뿌 빠 우브히흐 라 뽁뜨.]

· 옷이 끼었어요. **Ma veste est coincée.**
[마 베스뜨 에 꾸앙쎄.]

· 왜 돌아가요? **Pourquoi prenez-vous un détour ?**
[뿍꾸아 프흐네 부 앙 데뚜흐?]

· 돌아가는 거 같은데요! **Vous prenez un détour !**
[부 프흐네 앙 데뚜흐!]

· 깎아줘요. **Puis-je avoir un prix, s'il vous plaît ?**
[쀠 쥬 아부아흐 앙 프히, 씰 부 쁠레?]

· 장거리잖아요. **C'est une longue distance.**
[쎄 뛴 롱그 디스떵스.]

· 비싸요. **C'est trop cher.**
[쎄 트호 셰흐.]

· 저 못 내렸어요! **J'ai raté mon arrêt !**
[졔 하떼 모 나헤!]

· 여기서 내려야 되는데! **Je dois descendre ici !**
[쥬 두아 데썽드흐 이씨!]

· 세워줘요! **Arrêtez-vous, s'il vous plaît !**
[아헤떼 부, 씰 부 쁠레!]

택시 & 버스

· 잔돈 없어요.

Je n'ai pas de monnaie.
[쥬 네 빠 드 모네.]

· 잔돈 주세요.

Donnez-moi ma monnaie, s'il vous plaît.
[도네 무아 마 모네, 씰 부 쁠레.]

· 지폐도 받나요?

Acceptez-vous les billets ?
[악쎕떼 부 레 비에?]

· 벨 어디 있어요?

Où se trouve le bouton de demande
d'arrêt ?
[우 쓰 트후브 르 부똥 드 드멍드 다헤?]

· 벨 좀 눌러주실래요?

Pouvez-vous appuyer sur le bouton de
demande d'arrêt, s'il vous plaît ?
[뿌베 부 아쀠이에 쒸흐 르 부똥 드 드멍드 다헤,
씰 부 쁠레?]

· 벨이 손에 안 닿네요.

Je n'arrive pas à atteindre le bouton de
demande d'arrêt.
[쥬 나히브 빠 아 아땅드흐 르 부똥 드 드멍드 다헤.]

· 벨을 눌렀어야죠!

Vous auriez dû demander l'arrêt !
[부 조히에 뒤 드멍데 라헤!]

· 벨 눌렀거든요!

J'ai demandé l'arrêt !
[제 드멍데 라헤!]

· 문 좀 열어주세요.

La porte, s'il vous plaît.
[라 뽀뜨, 씰 부 쁠레.]

· 문이 안 열려요.

La porte ne s'ouvre pas.
[라 뽀뜨 느 쑤브흐 빠.]

· 문이 안 닫혔어요.

La porte n'est pas fermée.
[라 뽀뜨 네 빠 페흐메.]

· 문에 손이 끼었어요!

Mon doigt est coincé entre la porte !
[몽 두아 에 꾸앙쎄 엉트흐 라 뽀뜨!]

· 문에 스카프가 끼었어요!

Mon écharpe est coincée entre la porte !
[모 네샤흐쁘 에 꾸앙쎄 엉트흐 라 뽀뜨!]

· 창문 좀 닫아주실래요?

Pouvez-vous fermer la fenêtre, s'il vous plaît ?
[뿌베 부 페흐메 라 프네트흐, 씰 부 쁠레?]

· 창문 열어도 되나요?

Puis-je ouvrir la fenêtre ?
[쀠 쥬 우브히흐 라 프네트흐?]

· 창문을 닫을 수가 없어요.

Je ne peux pas fermer la fenêtre.
[쥬 느 뿌 빠 페흐메 라 프네트흐.]

· 창문을 열 수가 없어요.

Je ne peux pas ouvrir la fenêtre.
[쥬 느 뿌 빠 우브히흐 라 프네트흐.]

· 저기요, 당신 머리카락이 창문에 끼었어요.

Excusez-moi, vos cheveux sont coincés dans la fenêtre.
[엑스뀌제무아, 보 슈브 쏭 꾸앙쎄 덩 라 프네트흐.]

Taxi ! Taxi
택시! 택시!

왜 택시가
그냥 지나가지.

앗!

Où est-ce que je peux
prendre en taxi ?

택시 타는 곳이 어딘가요 ?

> **Vous devez aller à la station de taxi.**

택시 정류장으로 가야합니다.

자신 있게 외쳐라~
Parlez avec assurance !

택시 정류장이 어디입니까?

Où se trouve la station de taxi ?
[우 쓰 트후브 라 스따씨옹 드 딱씨?]

(버스 탈 때) 티켓 한 장 주세요.

Un billet, s'il vous plaît.
[앙 비에, 씰 부 쁠레.]

죄송합니다. 잔돈이 없습니다.

Excusez-moi, je n'ai pas de monnaie.
[엑스뀌제무아, 쥬 네 빠 드 모네.]

PART 05
전철과
기차에서

전철 & 기차에서

많은 단어를 알 필요 없다
왜? 말할 게 뻔하니까 !

01	지하철역	**arrêt de métro** [아헤 드 메트호]
02	기차역	**gare** [갸흐]
03	호선	**ligne** [린뉴]
04	노선도	**plan du métro** [쁠랑 뒤 메트호]
05	시간표	**horaire** [오헤흐]
06	매표소	**guichet** [기셰]
07	발권기	**automate de vente de tickets** [오또마뜨 드 벙뜨 드 띠께]
08	요금	**tarif** [따히프]
09	급행열차	**train direct** [트항 디헥뜨]
10	편도	**aller simple** [알레 쌍쁠르]
11	왕복	**aller-retour** [알레 흐뚜흐]

전철
&
기차

빨리찾아 <small>읽으세요</small>

01 지하철역 🚇

arrêt de métro
[아헤 드 메트호]

- 지하철역 어디예요?

  Où se trouve l'arrêt de métro ?
  [우 쓰 트후브 라헤 드 메트호?]

- 지하철역 어떻게 가요?

  Comment je peux aller à l'arrêt de métro ?
  [꼬멍 쥬 뿌 알레 아 라헤 드 메트호?]

- 여기가 지하철역이에요?

  Est-ce l'arrêt de métro ?
  [에 쓰 라헤 드 메트호?]

- 지하철역 여기서 멀어요?

  L'arrêt de métro est-il loin d'ici ?
  [라헤 드 메트호 에 띨 루앙 디씨?]

- 지하철역으로 데려다주세요.

  Amenez-moi à l'arrêt de métro, s'il vous plaît.
  [아므네 무아 아 라헤 드 메트호, 씰 부 쁠레.]

TIP l'arrêt de métro 와 la station de métro 모두 지하철역을 지칭한다.

02 기차역 🚂

gare
[갸흐]

- 기차역 어디예요?

  Où se trouve la gare ?
  [우 쓰 트후브 라 갸흐?]

- 기차역 어떻게 가요?

  Comment je peux aller à la gare ?
  [꼬멍 쥬 뿌 알레 알라 갸흐?]

- 여기가 기차역이에요?

  Est-ce la gare ?
  [에 쓰 라 갸흐?]

- 기차역 여기서 멀어요?

  La gare est-elle loin d'ici ?
  [라 갸흐 에 뗄 루앙 디씨?]

· 기차역으로 데려다주세요.

Amenez-moi à la gare, s'il vous plaît.
[아므네 무아 알라 갸흐, 씰 부 쁠레.]

03 호선

ligne
[린뉴]

· 여기 갈 건데 몇 호선 타요?

Je veux aller ici, quelle ligne dois-je prendre ?
[쥬 부 알레 이씨, 껠 린뉴 두아 쥬 프헝드흐?]

· 이 노선 타면 여기 가나요?

Est-ce que je peux aller ici avec cette ligne ?
[에 쓰 끄 쥬 뿌 알레 이씨 아벡 쎄뜨 린뉴?]

· 이 노선으로 갈아탈 거예요.

Je change de ligne à cet arrêt.
[쥬 셩쥬 드 린뉴 아 쎄 따헤.]

04 노선도

plan du métro
[쁠랑 뒤 메트호]

· 노선도는 어디 있나요?

Où est le plan du métro ?
[우 에 르 쁠랑 뒤 메트호?]

· 노선도 하나 받을 수 있나요?

Puis-je avoir un plan du métro, s'il vous plaît ?
[쀠 쥬 아부아흐 앙 쁠랑 뒤 메트호, 씰 부 쁠레?]

· 노선도 보는 것 좀 도와주세요.

Pouvez-vous m'aider à lire ce plan du métro, s'il vous plaît ?
[뿌베 부 메데 아 리흐 쓰 쁠랑 뒤 메트호, 씰 부 쁠레?]

전철 & 기차

05 시간표 🕐

horaire
[오헤흐]

· 시간표 어디서 봐요?

Où sont les horaires ?
[우 쏭 레 조헤흐?]

· 시간표 보여주세요.

Montrez-moi les horaires, s'il vous plaît.
[몽트헤 무아 레 조헤흐, 씰 부 쁠레.]

· 시간표가 복잡해요.

Les horaires sont trop compliqués.
[레 조헤흐 쏭 트호 꽁쁠리께.]

· 시간표 보는 것 좀 도와줘요.

Pouvez-vous m'aider à lire ces horaires, s'il vous plaît ?
[뿌베 부 메데 아 리흐 쎄 조헤흐, 씰 부 쁠레?]

06 매표소 🏳

guichet
[기셰]

· 매표소 어디예요?

Où se trouve le guichet ?
[우 쓰 트후브 르 기셰?]

· 매표소 어떻게 가요?

Comment puis-je me rendre au guichet ?
[꼬멍 쀠 쥬 므 헝드흐 오 기셰?]

· 매표소로 데려다주세요.

Pouvez-vous m'accompagner à un guichet, s'il vous plaît ?
[뿌베부마꽁빠녜아앙기셰,씰부쁠레?]

· 표 살 거예요.

Je vais acheter un ticket.
[쥬 베 아슈떼 앙 띠께.]

07 발권기 ✈️

automate de vente de tickets
[오또마뜨 드 벙뜨 드 띠께]

· 발권기 어딨어요?

Où est l'automate de vente de tickets ?
[우 에 로또마뜨 드 벙뜨 드 띠께?]

· 발권기 어떻게 써요?

Comment utilise-t-on l'automate de vente de tickets ?
[꼬멍 위띨리즈 똥 로또마뜨 드 벙뜨 드 띠께?]

· 발권기 안 되는데요.

L'automate ne fonctionne pas.
[로또마뜨 느 퐁씨온 빠.]

· 발권기 쓰는 것 좀 도와줘요.

Pouvez-vous m'aider à utiliser cet automate, s'il vous plaît ?
[뿌베 부 메데 아 위띨리제 쎄 또또마뜨, 씰 부 쁠레?]

· 제 표가 안 나와요.

Mon ticket n'est pas sorti.
[몽 띠께 네 빠 쏙띠.]

08 요금 💰

tarif
[따히프]

· 요금 얼마예요?

Quel est le tarif ?
[껠 레 르 따히프?]

· 신용카드 되나요?

Acceptez-vous les cartes de crédit ?
[악쎕떼 부 레 꺅뜨 드 크헤디?]

· 현금 없어요.

Je n'ai pas d'espèces.
[쥬 네 빠 데스뻬쓰.]

· 여행자 수표 되나요?

Acceptez-vous les chèques de voyage ?
[악쎕떼 부 레 셰끄 드 부아야쥬?]

전철 & 기차

09 급행열차 🔊

train direct
[트항 디헥뜨]

· 여기로 가는 급행열차 있
어요?

Y a-t-il un train direct pour se rendre à cet endroit ?
[야 띨 앙 트항 디헥뜨 뿌흐 쓰 헝드흐 아 쎄 떵 드후아?]

· 급행열차는 얼마예요?

Combien coûte le ticket pour le train direct ?
[꽁비앙 꾸뜨 르 띠께 뿌흐 르 트항 디헥뜨?]

· 급행열차 어디서 타요?

Où dois-je aller pour avoir le train direct ?
[우 두아 쥬 알레 뿌흐 아부아흐 르 트항 디헥뜨?]

· 급행열차 몇 시에 있어요?

A quelle heure part le train direct ?
[아 껠 뢰흐 빠흐 르 트항 디헥뜨?]

10 편도 🚉

aller simple
[알레 쌍쁠]

· 편도로 2장 주세요.

Deux billets aller simple, s'il vous plaît.
[두 비에 알레 쌍쁠르, 씰 부 쁠레.]

· 편도로 달라고 했어요.

Un billet aller simple.
[앙 비에 알레 쌍쁠르.]

· 이거 편도 표 아닌데요.

Ce n'est pas un billet aller simple.
[쓰 네 빠 앙 비에 알레 쌍쁠르.]

· 이거 편도 표 맞아요?

Est-ce un billet aller simple ?
[에 쓰 앙 비에 알레 쌍쁠르?]

· 이거 편도로 바꿀 수 있어요?　　**Puis-je échanger ceci avec un billet aller simple ?**
[쀠 쥬 에셩졔 쓰씨 아벡 앙 비에 알레 쌍쁠르?]

11 왕복 🚂 **aller-retour**
[알레 흐뚜호]

· 왕복으로 한 장이요.　　**Un billet aller-retour, s'il vous plaît.**
[앙 비에 알레 흐뚜호, 씰 부 쁠레.]

· 왕복으로 달라고 했어요.　　**Un billet aller-retour.**
[앙 비에 알레 흐뚜호.]

· 이거 왕복표 아닌데요.　　**Ce n'est pas un billet aller-retour.**
[쓰 네 빠 앙 비에 알레 흐뚜호.]

· 이거 왕복표 맞아요?　　**Est-ce un billet aller-retour ?**
[에 쓰 앙 비에 알레 흐뚜호?]

· 이거 왕복으로 바꿀 수 있어요?　　**Puis-je échanger ceci avec un billet aller-retour ?**
[쀠 쥬 에셩졔 쓰씨 아벡 앙 비에 알레 흐뚜호?]

전철 & 기차

12 일일 승차권 🎫 **pass journée**
[빠쓰 쥬흐네]

· 일일 승차권 주세요.　　**Un pass journée, s'il vous plaît.**
[앙 빠쓰 쥬흐네, 씰 부 쁠레.]

· 일일 승차권 얼마예요?　　**Combien coûte le pass journée ?**
[꽁비앙 꾸뜨 르 빠쓰 쥬흐네?]

· 일일 승차권은 어떻게 써요?　　**Comment fonctionne le pass journée ?**
[꼬멍 퐁씨온 르 빠쓰 쥬흐네?]

13 ~로 가는 표

ticket pour
[띠께 뿌흐]

· 여기 가는 표 한 장이요.
Un ticket pour aller ici, s'il vous plaît.
[앙 띠께 뿌흐 알레 이씨, 씰 부 쁠레.]

· 오페라 역으로 가는 표 한 장이요.
Un ticket pour Opéra, s'il vous plaît.
[앙 띠께 뿌흐 오뻬하, 씰 부 쁠레.]

· 여기 가는 표 얼마예요?
Combien coûte le ticket pour aller ici ?
[꽁비앙 꾸뜨 르 띠께 뿌흐 알레 이씨?]

14 승강장

quai
[께]

· 8번 승강장 어디예요?
Où se trouve le quai 8 ?
[우 쓰 트후브 르 께 위뜨?]

· 승강장을 못 찾겠어요.
Je ne trouve pas le quai.
[쥬 느 트후브 빠 르 께.]

· 승강장으로 데려가 주세요.
Pouvez-vous m'accompagner au quai, s'il vous plaît ?
[뿌베 부 마꽁빠녜 오 께, 씰 부 쁠레?]

15 환승

correspondance
[꼬헤스뽕덩쓰]

· 환승 하는 데 어디예요?
Où est-ce que je dois prendre la correspondance ?
[우 에쓰끄 쥬 두아 프헝드흐 라 꼬헤스뽕당쓰?]

· 환승 여기서 해요?
Est-ce que je dois prendre la correspondance ici ?
[에 쓰 끄 쥬 두아 프헝드흐 라 꼬헤스뽕당쓰 이씨?]

· 여기로 가려면 환승해야 돼요?

Est-ce que je dois effectuer un changement pour aller ici ?
[에 쓰 끄 쥬 두아 에펙뛰에 앙 성쥬멍 뿌흐 알레 이씨?]

· 환승하려면 여기서 내려요?

Est-ce que je dois descendre ici pour prendre la correspondance ?
[에 쓰 끄 쥬 두아 데썽드흐 이씨 뿌흐 프헝드흐 라 꼬헤스뽕덩쓰?]

16 내리다 descendre
[데썽드흐]

· 여기서 내리세요.

Descendez ici.
[데썽데 이씨.]

· 여기서 내리면 안 됩니다.

Ne descendez pas ici.
[느 데썽데 빠 이씨.]

· 여기서 내리면 되나요?

Dois-je descendre ici ?
[두아 쥬 데썽드흐 이씨?]

· 이 역에서 내려야 됩니다.

Vous devez descendre ici.
[부 드베 데썽드흐 이씨.]

17 자리 siège
[씨에쥬]

· 자리 있어요?

Ce siège est-il occupé ?
[쓰 씨에쥬 에 띨 오뀌뻬?]

· 여기 앉아도 되나요?

Puis-je m'asseoir ici ?
[쀠 쥬 마쑤아흐 이씨?]

· 가방 좀 치워 주실래요?

Pouvez-vous enlevez votre sac, s'il vous plaît ?
[뿌베 부 엉르베 보트흐 싹, 씰 부 쁠레?]

18 식당 칸 🍴

cafétéria à bord
[까페떼히아 아 보흐]

· 식당 칸 있어요?

Y a-t-il une cafétéria à bord ?
[야 띨 윈 까페떼히아 아 보흐?]

· 식당 칸 어디예요?

Où est la cafétéria ?
[우 에 라 까페떼히아?]

· 식당 칸에서 멀어요?

Est-ce loin de la cafétéria ?
[에 쓰 루앙 드 라 까페떼히아?]

· 식당 칸에서 가까운 자리로 주세요.

Je veux un siège proche de la cafétéria.
[쥬 부 앙 씨에쥬 프호슈 드 라 까페떼히아.]

19 일반석 🪑

classe économique
[끌라쓰 에꼬노미끄]

· 일반석으로 주세요.

Une place en classe économique, s'il vous plaît.
[윈 쁠라쓰 엉 끌라쓰 에꼬노미끄, 씰 부 쁠레.]

· 일반석 남았어요?

Vous reste-t-il des places en classe économique ?
[부 헤스 띨 데 쁠라쓰 엉 끌라쓰 에꼬노미끄?]

· 일반석은 얼마예요?

Combien coûte un siège en classe économique ?
[꽁비앙 꾸뜨 앙 씨에쥬 엉 끌라쓰 에꼬노미끄?]

20 1등석 🥤

première classe
[프흐미에흐 끌라쓰]

· 1등석으로 주세요.

Une place en première classe, s'il vous plaît.
[윈 쁠라쓰 엉 프흐미에흐 끌라쓰, 씰 부 쁠레.]

· 1등석은 얼마예요?

Combien coûte un siège en première classe ?
[꽁비앙 꾸뜨 앙 씨에쥬 엉 프흐미에흐 끌라쓰?]

· 1등석은 뭐가 좋아요?

Quels sont les avantages de la première classe ?
[껠 쏭 레 자벙따쥬 드 라 프흐미에흐 끌라쓰?]

전철
&
기차

위급상황 필요한 단어

01 **분실했어요** **perdu**
[뻬흐뒤]

02 **표** **billet**
[비에]

03 **실수한, 잘못한** **incorrect**
[앙꼬헥뜨]

빨리찾아 말하면 OK!

· 표를 분실했어요.
J'ai perdu mon billet.
[제 뻬흐뒤 몽 비에.]

· 일일 승차권을 분실했어요.
J'ai perdu mon pass journée.
[제 뻬흐뒤 몽 빠쓰 쥬흐네.]

· 기방을 분실했어요.
J'ai perdu mon sac.
[제 뻬흐뒤 몽 싹.]

· 지하철에 가방을 놓고 내렸어요.
J'ai laissé mon sac dans le métro.
[제 레쎄 몽 싹 덩 르 메트호.]

· 분실물 센터가 어디예요?
Où est le service des objets trouvés ?
[우 에 르 쎄흐비쓰 데 조브제 트후베?]

· 제 표가 없어졌어요.
Mon billet est perdu.
[몽 비에 에 뻬흐뒤.]

· 표 어떻게 넣어요?
Comment puis-je composter mon billet ?
[꼬멍 쀠 쥬 꽁뽀스떼 몽 비에?]

· 표가 안 나와요.
Mon billet est coincé.
[몽 비에 에 꾸앙쎄.]

· 표를 잘못 샀어요.
J'ai acheté un mauvais ticket.
[제 아슈떼 앙 모베 띠께.]

· 열차 잘못 탔어요.(남성)
Je me suis trompé de métro.
[쥬 므 쒸 트홍뻬 드 메트호.]

· 열차 잘못 탔어요.(여성)
Je me suis trompée de métro.
[쥬 므 쒸 트홍뻬 드 메트호.]

· 호선을 잘못 탔어요.(남성)
Je me suis trompé de ligne.
[쥬 므 쒸 트홍뻬 드 린뉴.]

· 호선을 잘못 탔어요.(여성)
Je me suis trompée de ligne.
[쥬 므 쒸 트홍뻬 드 린뉴.]

전철
&
기차

TIP 프랑스에서 교통수단을 이용할 때, 항시 검표원 contrôleur[꽁트홀뢰흐]을 만날 가능성이 있기에 도착지에 내려 전철역을 떠날 때까지 반드시 표를 소지하고 있어야 한다. 만약, 검표원을 만났을 때, 표를 가지고 있지 않으면 벌금을 물어야 한다.

호텔 **144p**   식당 **174p**   관광 **212p**   쇼핑 **236p**   귀국 **258p**   141

Pardon. Je dois descendre ici.

실례합니다. 저 여기서 내려야 해요.

* Tip ! 프랑스 지하철이나 버스 안에서 스마트폰이나, 고가의 탭 사용을 최대한 자제하자. 프랑스에서 소매치기가 가장 빈번하게 일어나는 장소가 바로 지하철 안이다. 지하철 안에서는 웬만하면 소지품들은 가방 안에 넣어두는 것을 추천한다. 가방도 백팩보다는 숄더백처럼 몸에 밀착시킬 수 있는 가방을 사용할 것 !

Au voleur !
강도야!

👍
자신 있게 외쳐라~
Parlez avec assurance !

저 여기서 내려야 해요.

Je dois descendre ici.
[쥬 두아 데썽드흐 이씨.]

도둑이야!

Au voleur !
[오 볼뢰흐!]

도와주세요!

Au secours !
[오 스꾸흐!]

PART 06

호텔에서

호텔에서

많은 단어를 알 필요 없다
왜? 말할 게 뻔하니까!

01	로비	**réception** [헤쎕씨옹]
02	예약	**réservation** [헤제흐바씨옹]
03	체크인	**enregistrement** [엉흐지스트흐멍]
04	침대	**lit** [리]
05	전망	**vue** [뷔]
06	조식	**petit-déjeuner** [쁘띠 데쥬네]
07	얼마	**combien** [꽁비앙]
08	신용카드	**carte de crédit** [꺅뜨 드 크헤디]
09	엘리베이터	**ascenseur** [아썽쐬흐]
10	몇 층	**quel étage** [껠 레따쥬]
11	방 키	**clé de la chambre** [끌레 들 라 셩브흐]

호텔

23	모닝콜	**service de réveil** [쎄흐비쓰 드 헤베이으]
24	룸서비스	**service de chambre** [쎄흐비쓰 드 성브흐]
25	세탁 서비스	**service de blanchisserie** [쎄흐비쓰 드 블렁시쓰히]
26	개인 금고	**coffre-fort** [꼬프흐 포흐]
27	얼음	**glaçons** [글라쏭]
28	체크아웃	**check-out** [체까웃]
29	계산서	**facture** [팍뛰흐]
30	추가 요금	**frais supplémentaires** [프헤 쒸쁠레멍떼흐]
31	미니바	**minibar** [미니바흐]
32	요금	**frais** [프헤]
33	신용카드	**carte de crédit** [꺅뜨 드 크헤디]
34	택시	**taxi** [딱씨]
35	공항	**aéroport** [아에호뽀흐]

빨리찾아 읽으세요

01 로비

réception
[헤쎕씨옹]

· 로비가 어디에요?
Où se trouve la réception ?
[우 쓰 트후브 라 헤쎕씨옹?]

· 로비를 못 찾겠는데요.
Je ne trouve pas la réception.
[쥬 느 트후브 빠 라 헤쎕씨옹.]

· 로비로 데려가 주세요.
Pouvez-vous m'accompagner jusqu'à la réception, s'il vous plaît ?
[뿌베 부 마꽁빠녜 쥐스꺄 라 헤쎕씨옹, 씰 부 쁠레?]

02 예약

réservation
[헤제흐바씨옹]

· 예약했어요.
J'ai une réservation.
[제 윈 헤제흐바씨옹.]

· 예약 안 했어요.
Je n'ai pas de réservation.
[쥬 네 빠 드 헤제흐바씨옹.]

· 이 사이트로 예약했는데요.
J'ai réservé sur ce site.
[제 헤제흐베 쒸흐 쓰 씨뜨.]

· 예약을 제 이름 Agnès로 했어요.
J'ai une réservation au nom d'Agnès.
[제 윈 헤제흐바씨옹 오 농 다녜쓰.]

호텔

03 체크인

enregistrement
[엉흐지스트흐멍]

· 체크인 하려고요.

Je voudrais m'enregistrer, s'il vous plaît.
[쥬 부드헤 멍흐지스트헤, 씰 부 쁠레.]

· 체크인 어디서 해요?

Où dois-je m'enregistrer ?
[우 두아 쥬 멍흐지스트헤?]

· 체크인 몇 시에 하나요?

A quelle heure est l'enregistrement ?
[아 껠 뢰흐 에 렁흐지스트흐멍?]

· 체크인 하기 전에 짐 맡아 주세요.

Pouvez-vous garder mes bagages avant que je m'enregistre, s'il vous plaît ?
[뿌베 부 갸흐데 메 바갸쥬 아벙 끄 쥬 멍흐지스트흐, 씰 부 쁠레?]

04 침대

lit
[리]

· 싱글 침대로 주세요.

Un lit simple, s'il vous plaît.
[앙 리 쌍쁠르, 씰 부 쁠레.]

· 더블 침대로 주세요.

Un lit double, s'il vous plaît.
[앙 리 두블르, 씰 부 쁠레.]

· 트윈 침대로 주세요.

Des lits jumeaux, s'il vous plaît.
[데 리 쥬모, 씰 부 쁠레.]

· 트윈 침대를 하나로 붙여 줘요.

Des lits jumeaux disposés comme un seul lit, s'il vous plaît.
[데 리 쥬모 디스뽀제 꼬 망 쐴 리, 씰 부 쁠레.]

· 제일 큰 침대 주세요.

Donnez-moi votre plus grand lit.
[도네 무아 보트흐 쁠뤼 그헝 리.]

· 제일 큰 침대 있는 방은 얼마예요?

Combien coûte la chambre avec le plus grand lit ?
[꽁비앙 꾸뜨 라 셩브흐 아벡 르 쁠뤼 그헝 리?]

05 전망

vue
[뷔]

· 바다 전망으로 줘요.

Je voudrais une chambre avec vue sur la mer.
[쥬 부드헤 윈 셩브흐 아벡 뷔 쒸흐 라 메흐.]

· 도심 전망으로 줘요.

Je voudrais une chambre avec vue sur la ville.
[쥬 부드헤 윈 셩브흐 아벡 뷔 쒸흐 라 빌.]

· 전망 좋은 데로 줘요.

Je voudrais une chambre avec une belle vue.
[쥬 부드헤 윈 셩브흐 아벡 뀐 벨 뷔.]

· 전망이 별로예요.

La vue n'est pas suffisamment jolie.
[라 뷔 네 빠 쒸피자멍 죨리.]

호텔

06 조식

petit-déjeuner
[쁘띠 데쥬네]

· 조식은 어디서 먹어요?

Où est servi le petit-déjeuner ?
[우 에 쎄흐비 르 쁘띠 데쥬네?]

· 조식은 몇 시예요?

A quelle heure est servi le petit-déjeuner ?
[아 껠 뢰흐 에 쎄흐비 르 쁘띠 데쥬네?]

· 조식으로 뭐가 있죠?

Qu'est-ce que vous avez pour le petit-déjeuner ?
[께 쓰 끄 부 자베 뿌흐 르 쁘띠 데쥬네?]

· 조식 몇 시까지예요?

Jusqu'à quelle heure est servi le petit-déjeuner ?
[쥐스까 껠 뢰흐 에 쎄흐비 르 쁘띠 데쥬네?]

· 조식 포함하면 얼마예요?

Combien est-ce avec le petit-déjeuner inclus ?
[꽁비앙 에 쓰 아벡 르 쁘띠 데쥬네 앙끌뤼?]

07 얼마 💰?

combien
[꽁비앙]

· 1박에 얼마예요?

Combien est-ce pour une nuit ?
[꽁비앙 에 쓰 뿌흐 윈 뉘?]

· 2박에 얼마예요?

Combien est-ce pour deux nuits ?
[꽁비앙 에 쓰 뿌흐 두 뉘?]

· 할인 받을 수 있어요?

Puis-je avoir une réduction ?
[쀠 쥬 아부아흐 윈 헤뒥씨옹?]

· 조식 포함하면 얼마예요?

Combien est-ce avec le petit-déjeuner inclus ?
[꽁비앙 에 쓰 아벡 르 쁘띠 데쥬네 앙끌뤼?]

· 방 업그레이드 하면 얼마예요?

Combien est-ce pour un surclassement de chambre ?
[꽁비앙 에 쓰 뿌흐 앙 쒸흐끌라쓰멍 드 셩브흐?]

08 신용카드 💳

carte de crédit
[꺅뜨 드 크헤디]

· 신용카드 되나요?

Acceptez-vous les cartes de crédit ?
[악쎕떼 부 레 꺅뜨 드 크헤디?]

· 여행자 수표 되나요?

Acceptez-vous les chèques de voyage ?
[악쎕떼 부 레 셰끄 드 부아야쥬?]

· 현금으로 할게요. **Je vais payer en espèces.**
[쥬 베 뻬이에 어 네스뻬쓰.]

· 할인 없나요? **Puis-je avoir une réduction ?**
[쀠 쥬 아부아흐 윈 헤뒥씨옹?]

09 엘리베이터 🗑 ascenseur
[아썽쐬흐]

· 엘리베이터 어디 있어요? **Où est l'ascenseur ?**
[우 에 라썽쐬흐?]

· 엘리베이터가 안 열려요. **L'ascenseur ne s'ouvre pas.**
[라썽쐬흐 느 쑤브흐 빠.]

· 1층 버튼이 어떤 거죠? **Quel est le bouton pour le rez-de-chaussée ?**
[껠 레 르 부똥 뿌흐 르 헤드쇼쎄?]

· 로비 가려고요. **Je voudrais aller à la réception.**
[쥬 부드헤 알레 알 라 헤쎕씨옹.]

호텔

10 몇 층 ⁇? quel étage
[껠 레따쥬]

· 제 방 몇 층이에요? **A quel étage est ma chambre ?**
[아 껠 레따쥬 에 마 셩브흐?]

· 자판기 몇 층에 있어요? **A quel étage est le distributeur ?**
[아 껠 레따쥬 에 르 디스트히뷔뙤흐?]

· 수영장 몇 층에 있어요? **A quel étage est la piscine ?**
[아 껠 레따쥬 에 라 삐씬?]

· 운동하는 데 몇 층에 있어요? **A quel étage est la salle de sport ?**
[아 껠 레따쥬 에 라 쌀 드 스뽀흐?]

· 스파 몇 층에 있어요?

A quel étage est le spa ?
[아 껠 레따쥬 에 르 스빠?]

· 1층에 있어요.

Au rez-de-chaussée.
[오 헤 드 쇼쎄.]

· 2층에 있어요.

Au premier étage.
[오 프흐미에흐 에따쥬.]

> **TIP** 프랑스에서는 한국의 1층이 0층에 해당한다. 즉, 프랑스에서 2층은 우리식 3층으로 이해하면 된다. 0층은 rez-de-chaussée[헤드쇼쎄]

11 방 키 🔑
clé de la chambre
[끌레 들라 셩브흐]

· 방 키 하나 더 주세요.

Puis-je avoir une clé supplémentaire, s'il vous plaît ?
[쀠 쥬 아부아흐 윈 끌레 쒸쁠레멍떼흐, 씰 부 쁠레?]

· 방 키 없어졌어요.

Je ne trouve pas la clé de ma chambre.
[쥬 느 트후브 빠 라 끌레 드 마 셩브흐.]

· 방 키가 안 돼요.

La clé ne fonctionne pas.
[라 끌레 느 퐁씨온 빠.]

12 짐 🧳
bagage
[바가쥬]

· 짐 맡길 수 있어요?

Pouvez-vous garder mon bagage, s'il vous plaît ?
[뿌베 부 갸흐데 몽 바가쥬, 씰 부 쁠레?]

· 짐 올려 주실 수 있어요?

Pouvez-vous monter mon bagage, s'il vous plaît ?
[뿌베 부 몽트헤 몽 바가쥬, 씰 부 쁠레?]

· 이거 제 짐이 아니에요.

Ce n'est pas mon bagage.
[쓰 네 빠 몽 바가쥬.]

· 제 짐이 없어졌어요.

Mon bagage est perdu.
[몽 바가쥬 에 뻬흐뒤.]

· 제 짐 찾아주세요.

Trouvez mon bagage, s'il vous plaît.
[트후베 몽 바가쥬, 씰 부 쁠레.]

· 체크인 하기 전에 짐 맡아
주세요.

**Pouvez-vous garder mon bagage avant
mon enregistrement, s'il vous plaît ?**
[뿌 베 부 갸흐데 몽 바가쥬 아벙 모넝흐지스트
흐멍, 씰 부 쁠레?]

13 내 방 🚪

ma chambre
[마 셩브흐]

· 내 방이 어디죠?

Où est ma chambre ?
[우 에 마 셩브흐?]

· 내 방을 못 찾겠어요.

Je ne trouve pas ma chambre.
[쥬 느 트후브 빠 마 셩브흐.]

· 내 방이 어두워요.

Ma chambre est trop sombre.
[마 샹브흐 에 트호 쏨브흐.]

· 내 방이 너무 밝아요.

Ma chambre est trop lumineuse.
[마 샹브흐 에 트호 뤼미누즈.]

· 내 방이 너무 더워요.

Il fait trop chaud dans ma chambre.
[일 페 트호 쇼 덩 마 셩브흐.]

· 내 방이 너무 추워요.

Il fait trop froid dans ma chambre.
[일 페 트호 프후아 덩 마 셩브흐.]

· 내 방에서 냄새나요.

Ma chambre sent mauvais.
[마 셩브흐 썽 모베.]

호텔

호텔 144p   식당 174p   관광 212p   쇼핑 236p   귀국 258p   155

14 수건 ⬡

serviette
[쎄흐비에뜨]

· 수건 더 주세요.

Plus de serviettes, s'il vous plaît.
[쁠뤼스 드 쎄흐비에뜨, 씰 부 쁠레.]

· 수건 없어요.

Je n'ai pas de serviettes.
[쥬 네 빠 드 쎄흐비에뜨.]

· 수건 더러워요.

Mes serviettes sont sales.
[메 쎄흐비에뜨 쏭 쌀.]

· 수건 깨끗한 걸로 주세요.

Je voudrais des serviettes propres, s'il vous plaît.
[쥬 부드헤 데 쎄흐비에뜨 프흐프흐, 씰 부 쁠레.]

· 큰 수건으로 주세요.

Je voudrais de plus grandes serviettes, s'il vous plaît.
[쥬 부드헤 드 쁠뤼 그헝드 쎄흐비에뜨, 씰 부 쁠레.]

15 칫솔 ⬡

brosse à dents
[브호쓰 아 덩]

· 칫솔 없어요.

Je n'ai pas de brosse à dents.
[쥬 네 빠 드 브호쓰 아 덩.]

· 칫솔 주세요.

Puis-je avoir une brosse à dents, s'il vous plaît ?
[쀠 쥬 아부아흐 윈 브호쓰 아 덩, 씰 부 쁠레?]

· 칫솔 하나 더 주세요.

Puis-je avoir une brosse à dents supplémentaire, s'il vous plaît ?
[쀠 쥬 아부아흐 윈 브호쓰 아 덩 쒸쁠레멍떼흐, 씰부 쁠레?]

· 치약 주실 수 있나요?
Puis-je avoir du dentifrice, s'il vous plaît ?
[쀠 쥬 아부아흐 뒤 덩띠프히쓰, 씰 부 쁠레?]

· 어린이용 칫솔 주세요.
Puis-je avoir une brosse à dents pour enfants, s'il vous plaît ?
[쀠 쥬 아부아흐 윈 브호쓰 아 덩 뿌흐 엉펑, 씰 부 쁠레?]

· 어린이용 치약 있어요?
Avez-vous du dentifrice pour enfants ?
[아베 부 뒤 덩띠프히쓰 뿌흐 엉펑?]

· 부드러운 칫솔 없나요?
Avez-vous une brosse à dents plus souple ?
[아베 부 윈 브호쓰 아 덩 쁠뤼 쑤플?]

· 치실 있어요?
Avez-vous du fil dentaire ?
[아베 부 뒤 필 덩떼흐?]

16 베개 ✏

oreiller
[오헤이에]

· 베개 하나 더 주세요.
Puis-je avoir un oreiller en plus, s'il vous plaît ?
[쀠 쥬 아부아흐 아 노헤이에 엉 쁠뤼스, 씰 부 쁠레?]

· 베개가 너무 딱딱해요.
Mon oreiller est trop dur.
[모 노헤이에 에 트호 뒤흐.]

· 베개가 너무 높아요.
Mon oreiller est trop haut.
[모 노헤이에 에 트호 오.]

· 베개가 너무 낮아요.
Mon oreiller est trop bas.
[모 노헤이에 에 트호 바.]

· 베개 큰 거 있어요?
Avez-vous un oreiller plus grand ?
[아베 부 아 노헤이에 쁠뤼 그헝?]

17 드라이기 sèche-cheveux
[쎼슈 슈브]

· 드라이기 주세요.
Donnez-moi un autre sèche-cheveux, s'il vous plaît.
[도네 무아 아 노트흐 쎼슈 슈브, 씰 부 쁠레.]

· 방에 드라이기가 없어요.
Je n'ai pas de sèche-cheveux.
[쥬 네 빠 드 쎼슈 슈브.]

· 드라이기 고장났어요.
Le sèche-cheveux est cassé.
[르 쎼슈 슈브 에 꺄쎄.]

· 드라이기 잘 안 돼요.
Le sèche-cheveux ne fonctionne pas.
[르 쎼슈 슈브 느 퐁씨온 빠.]

18 욕조 baignoire
[베뉴아흐]

· 욕조가 더러워요.
Ma baignoire est sale.
[마 베뉴아흐 에 쌀.]

· 욕조 닦아주세요.
Pouvez-vous nettoyer la baignoire, s'il vous plaît ?
[뿌베 부 네뚜아이에 라 베뉴아흐, 씰 부 쁠레?]

· 욕조의 물이 안 빠져요.
La baignoire est bouchée.
[라 베뉴아흐 에 부셰.]

19 물 eau
[오]

· 물이 안 나와요.
L'eau ne s'écoule pas du robinet.
[로 느 쎄꿀 빠 뒤 호비네.]

· 물이 뜨거워요.
L'eau est trop chaude.
[로 에 트호 쇼드.]

· 물이 차가워요.
L'eau est trop froide.
[로 에 트호 프후아드.]

· 물 온도 조절이 안 돼요.
Je n'arrive pas à ajuster la températu-re de l'eau.
[쥬 나히브 빠 아 아쥐스떼 라 떵뻬하뛰흐 들로.]

· 샤워기에서 물이 안 나와요.
L'eau ne s'écoule pas de la douche.
[로 느 쎄꿀 빠 들라 두슈.]

· 변기 물이 안 내려가요.
La chasse d'eau ne fonctionne pas.
[라 샤쓰 도 느 퐁씨온 빠.]

20 인터넷 📶 Internet
[앙떼흐넷]

· 인터넷 안 돼요.
L'Internet ne fonctionne pas.
[랑떼흐넷 느 퐁씨온 빠.]

· 인터넷 할 수 있는 데 어디예요?
Où est-ce que je peux utiliser Internet ?
[우 에 쓰 끄 쥬 뿌 위띨리제 앙떼흐넷?]

· 랜선이 없어요.
Il n'y a pas de câble LAN.
[일 냐 빠 드 까블르 랜.]

· 와이파이가 안 터져요.
Je ne reçois pas la WIFI.
[쥬 느 흐쑤아 빠 라 위피.]

· 와이파이 터지는 데 어디예요?
Où est-ce que je peux avoir de la WIFI ?
[우 에 쓰 끄 쥬 뿌 아부아흐 들라 위피?]

· 컴퓨터 쓸 수 있는 데 어디예요?
Où est-ce que je peux utiliser l'ordi-nateur ?
[우 에 쓰 끄 쥬 뿌 위띨리제 로흐디나뙤흐?]

TIP 호텔 로비에 무료 와이파이 아이디와 비번을 부탁하면 알려주지만 대부분 로비에서 한정적으로 이용할 수 있는 무료 와이파이다.

호텔

21 텔레비전 📺

télévision
[뗄레비지옹]

· 텔레비전이 안 나와요.
La télévision ne fonctionne pas.
[라 뗄레비지옹 느 퐁씨온 빠.]

· 케이블이 안 나와요.
Je ne reçois pas la chaîne câblée.
[쥬 느 흐쑤아 빠 라 셴 까블레.]

· 리모컨이 안 돼요.
La télécommande ne fonctionne pas.
[라 뗄레꼬망드 느 퐁씨온 빠.]

· 음량 조절 어떻게 해요?
Comment contrôlez-vous le volume ?
[꼬멍 꽁트홀레 부 르 볼륌므?]

· 채널 조절이 안 돼요.
Je ne peux pas changer de chaîne.
[쥬 느 뿌 빠 셩제 드 셴.]

22 청소하다 🧹

nettoyer
[네뚜아이에]

· 청소해 주세요.
Nettoyez ma chambre, s'il vous plaît.
[네뚜아이에 마 셩브흐, 씰 부 쁠레.]

· 청소가 안 되어 있어요.
Ma chambre n'est pas nettoyée.
[마 셩브흐 네 빠 네뚜아이에.]

· 청소 안 해주셔도 됩니다.
Vous n'avez pas à nettoyer ma chambre.
[부 나베 빠 아 네뚜아이에 마 셩브흐.]

· 오후에 청소 해주세요.
Pouvez-vous nettoyer ma chambre cet après-midi, s'il vous plaît ?
[뿌 베 부 네뚜아이에 마 셩브흐 쎄 따프헤 미디, 씰 부 쁠레?]

· 화장실 청소가 안 되어
있어요.

Les toilettes ne sont pas nettoyées.
[레 뚜알레뜨 느 쏭 빠 네뚜아이에.]

· 쓰레기통이 안 비워져
있어요.

La poubelle n'est pas vide.
[라 뿌벨 네 빠 비드.]

23 모닝콜

service de réveil
[쎄흐비쓰 드 헤베이으]

· 모닝콜 해주세요.

Je voudrais un service de réveil.
[쥬 부드헤 앙 쎄흐비쓰 드 헤베이으.]

· 7시에 해주세요.

A sept heures, s'il vous plaît.
[아 쎄 뙤흐, 씰 부 쁠레.]

· 모닝콜 취소할게요.

Je voudrais annuler mon service de réveil.
[쥬 부드헤 아뉼레 몽 쎄흐비쓰 드 헤베이으.]

· 모닝콜 연달아 두 번 해주
세요.

Je voudrais deux services de réveil d'affilée, s'il vous plaît.
[쥬 부드헤 두 쎄흐비쓰 드 헤베이으 다필레,
씰 부 쁠레.]

호텔

24 룸서비스

service de chambre
[쎄흐비쓰 드 셩브흐]

· 룸서비스 시킬게요.

Je voudrais un service de chambre.
[쥬 부드헤 앙 쎄흐비쓰 드 셩브흐.]

· 룸서비스 메뉴 보고 싶어요.

Je voudrais voir le menu du service de chambre.
[쥬 부드헤 부아흐 르 므뉘 뒤 쎄흐비쓰 드 셩
브흐.]

· 룸서비스로 아침 갖다
주세요.

Je voudrais que vous m'apportiez le
petit-déjeuner dans ma chambre.
[쥬 부드헤 끄 부 마뽁띠에 르 쁘띠 데쥬네 덩
마 성브흐.]

· 룸서비스로 와인 갖다
주세요.

Je voudrais que vous m'apportiez du
vin dans ma chambre.
[쥬 부드헤 끄 부 마뽁띠에 뒤 방 덩 마 성브흐.]

25 세탁 서비스 📠

service de blanchisserie
[쎄흐비쓰 드 블랑시쓰히]

· 세탁 서비스 신청할게요.

Je voudrais un service de blanchisserie.
[쥬 부드헤 앙 쎄흐비쓰 드 블랑시쓰히.]

· 세탁 서비스 언제 와요?

Quand est-ce que le service de blan-
chisserie arrive ?
[껑 떼 쓰 끄 르 쎄흐비쓰 드 블랑시쓰히 아히브?]

· 세탁물이 망가졌어요.

Mes vêtements sont endommagés.
[메 베뜨멍 쏭 떵도마제.]

26 개인 금고 🔲

coffre-fort
[꼬프흐 포흐]

· 개인 금고 어떻게 써요?

Comment utilisez-vous le coffre-fort ?
[꼬멍 위띨리제 부 르 꼬프흐 포흐?]

· 개인 금고 안 열려요.

Le coffre-fort ne s'ouvre pas.
[르 꼬프흐 포흐 느 쑤브흐 빠.]

· 개인 금고에 뭐가 있어요.

Il y a quelque chose dans le coffre-fort.
[일 야 껠끄 쇼즈 덩 르 꼬프흐 포흐.]

27 얼음

glaçons
[글라쏭]

· 얼음이 없어요.

Il n'y a pas de glaçons.
[일 냐 빠 드 글라쏭.]

· 얼음 어디서 가져와요?

Où est-ce que je peux avoir des glaçons ?
[우 에 쓰 끄 쥬 뿌 아부아흐 데 글라쏭?]

· 얼음 좀 갖다주세요.

Puis-je avoir des glaçons, s'il vous plaît ?
[쀠 쥬 아부아흐 데 글라쏭, 씰 부 쁠레?]

28 체크아웃

check-out
[체까웃]

· 체크아웃 할게요.

Je vais procéder au check-out, s'il vous plaît.
[쥬 베 프호쎄데 오 체까웃, 씰 부 쁠레.]

· 체크아웃 몇 시예요?

A quelle heure est le check-out ?
[아 껠 뢰흐 에 르 체까웃?]

· 하루 더 연장할게요.

Je voudrais étendre mon séjour d'un jour.
[쥬 부드헤 에떵드흐 몽 쎄주흐 당 주흐.]

· 체크아웃 좀 있다 할게요.

Je voudrais effectuer le check-out plus tard.
[쥬 부드헤 에펙뛰에 르 체까웃 쁠뤼 따흐.]

호텔

29 계산서 📋

facture
[팍뛰흐]

· 계산서 보여주세요.
Montrez-moi la facture, s'il vous plaît.
[몽트헤 무아 라 팍뛰흐, 씰 부 쁠레.]

· 계산서 틀렸어요.
La facture est incorrecte.
[라 팍뛰흐 에 땅꼬헥뜨.]

· 자세한 계산서 보여주세요.
Je voudrais une facture détaillée.
[쥬 부드헤 윈 팍뛰흐 데따이에.]

30 추가 요금 ➕

frais supplémentaires
[프헤 쒸쁠레멍떼흐]

· 추가 요금이 붙었는데요.
Voici les frais supplémentaires.
[부아씨 레 프헤 쒸쁠레멍떼흐.]

· 어떤 게 추가된 거예요?
Quels sont les frais supplémentaires ici ?
[껠 쏭 르 프헤 쒸쁠레멍떼흐 이씨?]

· 이 추가 요금 설명해주세요.
Pouvez-vous m'expliquer ces frais supplémentaires, s'il vous plaît ?
[뿌 베 부 멕쓰쁠리께 쎄 프헤 쒸쁠레멍떼흐, 씰 부 쁠레?]

31 미니바 🗄

minibar
[미니바흐]

· 미니바 이용 안 했는데요.
Je n'ai pas utilisé le minibar.
[쥬 네 빠 위띨리제 르 미니바흐.]

· 미니바에서 물만 마셨어요.   J'ai seulement pris de l'eau du minibar.
[제 썰르멍 프히 들로 뒤 미니바흐.]

· 미니바에서 맥주만 마셨   J'ai seulement pris une bière du minibar.
어요.   [제 썰르멍 프히 윈 비에흐 뒤 미니바흐.]

· 미니바 요금이 잘못됐어요.   Les frais du minibar sont incorrects.
[레 프헤 뒤 미니바흐 쏭 땅꼬헥뜨.]

32 요금   frais
[프헤]

· 이 요금은 뭐죠?   A quoi correspond ce frais ?
[아 꾸아 꼬헤스뽕 쓰 프헤?]

· 요금이 더 나온 거 같은데요.   Je pense que ce montant est inco-
rrect.
[쥬 뻥쓰 끄 쓰 몽땅 에 땅꼬헥뜨.]

· 요금 합계가 틀렸어요.   Ce montant est incorrect.
[쓰 몽땅 에 땅꼬헥뜨.]

33 신용카드   carte de crédit
[꺅뜨 드 크헤디]

· 신용카드 되나요?   Acceptez-vous les cartes de crédit ?
[악쎕떼 부 레 꺅뜨 드 크헤디?]

· 신용카드 안 긁혀요.   Votre carte de crédit ne fonctionne
pas.
[보트흐 꺅뜨 드 크헤디 느 퐁씨온 빠.]

· 다른 신용카드 없어요.   Je n'ai pas d'autre carte de crédit.
[쥬 네 빠 도트흐 꺅뜨 드 크헤디.]

· 한번 더 긁어봐 주세요.

Pouvez-vous encore essayer, s'il vous plaît ?
[뿌베 부 엉꼬흐 에쎄이에, 씰 부 쁠레?]

· 여행자 수표 받아요?

Acceptez-vous les chèques de voyage ?
[악쎕떼 부 레 셰끄 드 부아야쥬?]

· 현금 없어요.

Je n'ai pas d'espèces.
[쥬 네 빠 데쓰뻬쓰.]

· 현금으로 할게요.

Puis-je payer en espèces, s'il vous plaît ?
[쀠 쥬 뻬이에 어 네쓰뻬쓰, 씰 부 쁠레?]

34 택시 🚗

taxi
[딱씨]

· 택시 좀 불러주세요.

Appelez un taxi, s'il vous plaît.
[아쁠레 앙 딱씨, 씰 부 쁠레.]

· 택시 비싼가요?

Est-ce cher de prendre un taxi ?
[에 쓰 셰흐 드 프헝드흐 앙 딱씨?]

· 택시로 어디 가시게요?

Où allez-vous aller en taxi ?
[우 알레 부 알레 엉 딱씨?]

35 공항 ✈

aéroport
[아에호뽀흐]

· 오를리 공항 갈 거예요.

Je vais à l'aéroport Orly.
[쥬 베 아 라에호뽀흐 오흘리.]

· 오를리 공항 가려면 뭐 타요?

Que devrais-je emmener à l'aéroport Orly ?
[끄 드브헤 쥬 엉므네 아 라에호뽀흐 오흘리?]

· 오를리 공항 가는 버스 있어요?

Est-ce qu'il y a un bus qui va à l'aéroport Orly ?
[에 쓰 낄 야 앙 뷔스 끼 바 아 라헤오뽀흐 오흘리?]

3. 크렘 브륄레 Crème brûlée

불에 그을린 크림이라는 뜻의 크렘 브륄레는 말 그대로 커스터드 크림의 표면에 설탕을 뿌려 토치로 살짝 그을린 디저트이다. 불에 그을려 따뜻하고 단단해진 카라멜 표면을 깨면, 차갑고 부드러운 커스터드 크림이 자리잡고 있어 독특한 식감을 만들어 낸다. 크렘 브륄레는 디저트 가게(pâtisserie)나 레스토랑에서 식사를 마치고 디저트 단계에서 주문하여 먹을 수 있다. 바닐라 향이 가득한 크렘 브륄레! 특히 요즘에는 초콜릿 크렘 브륄레, 라벤더 크렘 브륄레 등 여러가지 맛과 향이 있으니, 프랑스에 가면 꼭 한번 맛보기를 추천한다.

활용해보세요!

· 어디에서 크렘 브륄레를 찾을 수 있나요?

Où puis-je trouver une crème brûlée ?
[우 쀠 쥬 트후베 윈 크렘 브륄레?]

· 이 근처에 디저트 가게가 있나요?

Est-ce qu'il y a une pâtisserie près d'ici ?
[에 쓰 낄 야 윈 빠띠쓰히 프헤 디씨?]

· 크렘 브륄레 하나 주세요.

Une crème brûlée, s'il vous plaît.
[윈 크렘 브륄레, 씰 부 쁠레.]

· 디저트는 크렘 브륄레로 할게요.

Je vais prendre une crème brûlée comme dessert.
[쥬 베 프헝드흐 윈 크렘 브륄레 꼼 데쎄흐.]

· 포장해주세요.

A emporter, s'il vous plaît.
[아 엉뽁떼, 씰 부 쁠레.]

위급상황 필요한 단어

01	고장이에요	**ne fonctionne pas** [느 퐁씨온 빠]
02	안 열려요	**ne s'ouvre pas** [느 쑤브흐 빠]
03	갇힌	**coincé(e)** [꾸앙쎄]
04	잃어버렸어요	**perdu** [뻬흐뒤]
05	안 와요	**ne vient pas** [느 비앙 빠]
06	안 나와요	**ne sort pas** [느 쏙 빠]
07	도둑맞은	**volé** [볼레]
08	아픈	**malade** [말라드]
09	응급차	**ambulance** [엉뷜렁쓰]

빨리찾아 말하면 OK!

· 드라이어가 고장이에요.
Le sèche-cheveux ne fonctionne pas.
[르 쎄슈 슈브 느 퐁씨온 빠.]

· 텔레비전이 고장이에요.
La télévision ne fonctionne pas.
[라 뗄레비지옹 느 퐁씨온 빠.]

· 컴퓨터가 고장이에요.
L'ordinateur ne fonctionne pas.
[로흐디나뙤흐 느 퐁씨온 빠.]

· 전화기가 고장이에요.
Le téléphone ne fonctionne pas.
[르 뗄레폰 느 퐁씨온 빠.]

· 샤워기가 고장이에요.
Le tuyau de douche ne fonctionne pas.
[르 뛰요 드 두슈 느 퐁씨온 바.]

· 비데가 고장이에요.
Le bidet ne fonctionne pas.
[르 비데 느 퐁씨온 빠.]

· 문이 안 열려요.
Je ne peux pas ouvrir la porte.
[쥬 느 뿌 빠 우브히흐 라 뽁뜨.]

호텔

· 화장실 문이 안 열려요.
Je ne peux pas ouvrir la porte des toilettes.
[쥬 느 뿌 빠 우브히흐 라 뽁뜨 데 뚜알레뜨.]

· 금고가 안 열려요.
Je ne peux pas ouvrir le coffre-fort.
[쥬 느 뿌 빠 우브히흐 르 꼬프흐 포흐.]

· 커튼이 안 열려요.
Je ne peux pas ouvrir les rideaux.
[쥬 느 뿌 빠 우브히흐 레 히도.]

· 방에 갇혔어요.
Je suis coincé dans la chambre.
[쥬 쒸 꾸앙쎄 당 라 성브흐.]

· 엘리베이터에 갇혔어요.
Je suis coincé dans l'ascenseur.
[쥬 쒸 꾸앙쎄 당 라썽씨흐.]

· 화장실에 갇혔어요.
Je suis coincé dans les toilettes.
[쥬 쒸 꾸앙쎄 당 레 뚜알레뜨.]

· 방 키를 잃어버렸어요.   **J'ai perdu la clé de ma chambre.**
[제 뻬흐뒤 라 끌레 드 마 셩브흐.]

· 쿠폰을 잃어버렸어요.   **J'ai perdu mon coupon.**
[제 뻬흐뒤 몽 꾸뽕.]

· 여권을 잃어버렸어요.   **J'ai perdu mon passeport.**
[제 뻬흐뒤 몽 빠쓰포흐.]

· 휴대폰을 잃어버렸어요.   **J'ai perdu mon téléphone portable.**
[제 뻬흐뒤 몽 뗄레폰 뽁따블르.]

· 노트북을 잃어버렸어요.   **J'ai perdu mon ordinateur portable.**
[제 뻬흐뒤 모 노흐디나뙤흐 뽁따블르.]

· 신발을 잃어버렸어요.   **J'ai perdu mes chaussures.**
[제 뻬흐뒤 메 쇼쒸흐.]

· 귀중품을 잃어버렸어요.   **J'ai perdu mes objets de valeur.**
[제 뻬흐뒤 메 조브제드 발뢰흐.]

· 엘리베이터가 안 와요.   **L'ascenseur ne vient pas.**
[라썽쐬흐 느 비앙 빠.]

· 식사가 안 나와요.   **Mon repas n'est pas encore arrivé.**
[몽 흐빠 네 빠 정꼬흐 아히베.]

· 룸서비스가 안 와요.   **Le service de chambre n'est pas encore arrivé.**
[르 쎄흐비쓰 드 셩브흐 네 빠 정꼬흐 아히베.]

· 세탁 서비스가 안 와요.   **Le service de blanchisserie n'est pas encore arrivé.**
[르 쎄흐비쓰 드 블랑시쓰히 네 빠 정꼬흐 아히베.]

· 물이 안 나와요.   **L'eau ne coule pas.**
[로 느 꿀 빠.]

· 케이블이 안 나와요.   **Je ne reçois pas le câble.**
[쥬 느 흐쑤아 빠 르 꺄블르.]

· 제 방 도둑맞았어요.	**Ma chambre a été cambriolée.** [마 셩브흐 아 에떼 껑브히올레.]
· 제 캐리어 도둑맞았어요.	**Ma valise a été volée.** [마 발리즈 아 에떼 볼레.]
· 제 짐 도둑맞았어요.	**Mon bagage a été volé.** [몽 바가쥬 아 에떼 볼레.]
· 제 금고 도둑맞았어요.	**Mon coffre-fort a été volé.** [몽 꼬프흐 포흐 아 에떼 볼레.]
· 속이 안 좋아요.	**Je ne me sens pas très bien.** [쥬 느 므 썽 빠 트헤 비앙.]
· 배가 아파요.	**J'ai mal au ventre.** [제 말로 벙트흐.]
· 머리가 아파요.	**J'ai mal à la tête.** [제 말 알라 떼뜨.]
· 팔이 부러졌어요.(남성)	**Je me suis cassé le bras.** [쥬 므 쒸 까쎄 르 브하.]
· 팔이 부러졌어요.(여성)	**Je me suis cassée le bras.** [쥬 므 쒸 까쎄 르 브하.]
· 다리가 부러졌어요.(남성)	**Je me suis cassé la jambe.** [쥬 므 쒸 까쎄 라 정브.]
· 다리가 부러졌어요.(여성)	**Je me suis cassée la jambe.** [쥬 므 쒸 까쎄 라 정브.]
· 응급차 불러주세요.	**Appelez une ambulance, s'il vous plaît.** [아쁠레 위 넝뷜렁쓰, 씰 부 쁠레.]

호텔

식사 오기 전에 볼일
좀 봐야지.

Toilettes

헉!

BOUM!

...

왜 물이...
안 내려가지!...

PAF

Les toilettes sont
boucheés.

변기가 막혔어요.

Greeeeu~

자신 있게 외쳐라~
Parlez avec assurance !

모닝콜 해주세요.

Je voudrais un service de réveil.
[쥬 부드헤 앙 쎄흐비쓰 드 헤베이으.]

6시에 해주세요.

A six heures, s'il vous plaît.
[아 씨 죄흐, 씰 부 쁠레.]

7시에 해주세요.

A sept heures, s'il vous plaît.
[아 쎄 뙤흐, 씰 부 쁠레.]

변기가 막혔어요.

Les toilettes sont boucheés.
[레 뚜알레뜨 쏭 부셰.]

PART 07
식당에서

식당에서

많은 단어를 알 필요 없다
왜? 말할 게 뻔하니까!

01	2명이요	**deux personnes** [두 뻭쏜]
02	예약	**réservation** [헤제흐바씨옹]
03	테이블	**table** [따블르]
04	웨이터	**serveur** [쎄흐뵈흐]
05	주문하다	**commander** [꼬망데]
06	메뉴	**menu** [므뉘]
07	추천	**recommandation** [흐꼬망다씨옹]
08	애피타이저	**hors-d'œuvre** [어흐되브흐]
09	수프	**soupe** [숩쁘]
10	샐러드	**salade** [쌀라드]
11	스테이크	**steak** [스떽]

식당

23	햄버거	**burger** [버흐거]
24	감자튀김	**frites** [프히뜨]
25	샐러드	**salade** [쌀라드]
26	세트	**menu** [므뉘]
27	단품	**à la carte** [알라 꺅뜨]
28	코카콜라/펩시	**coca / pepsi** [꼬까 / 뻽씨]
29	여기서 먹을 거예요	**sur place** [쒸흐 쁠라쓰]
30	포장이요	**à emporter** [아 엉뽁떼]
31	음료	**boisson** [부아쏭]
32	얼음	**glaçons** [글라쏭]
33	빨대	**paille** [빠이으]
34	냅킨	**serviette** [쎄흐비에뜨]
35	뜨거운	**chaud** [쇼]

아

36	아이스	glacé [글라쎄]
37	우유	lait [레]
38	시럽	sirop [씨호]
39	휘핑크림	crème fouettée [크렘 푸에떼]
40	사이즈	taille [따이으]
41	추가하다	ajouter [아쥬떼]
42	케이크	gâteau [갸또]
43	타르트	tarte [딱뜨]
44	샌드위치	sandwich [썽드위치]
45	베이글	bagel [바글]
46	와이파이	WIFI [위피]
47	화장실	toilettes [뚜알레뜨]

식당

빨리찾아 읽으세요

01 2명이요 👫

deux personnes
[두 뻭쏜]

· 2명이요.
Une table pour deux personnes, s'il vous plaît.
[윈 따블르 뿌흐 두 뻭쏜, 씰 부 쁠레.]

· 3명이요.
Une table pour trois personnes, s'il vous plaît.
[윈 따블르 뿌흐 트후아 뻭쏜, 씰 부 쁠레.]

· 혼자예요.
Seulement moi.
[쐴르멍 무아.]

02 예약 🐍

réservation
[헤제흐바씨옹]

· 예약했어요.
J'ai une réservation.
[제 윈 헤제흐바씨옹.]

· 예약 안 했어요.
Je n'ai pas de réservation.
[쥬 네 빠 드 헤제흐바씨옹.]

· 2명으로 예약했어요.
J'ai une réservation pour deux personnes.
[제 윈 헤제흐바씨옹 뿌흐 두 뻭쏜.]

· 3명으로 예약했어요.
J'ai une réservation pour trois personnes.
[제 윈 헤제흐바씨옹 뿌흐 트후아 뻭쏜.]

· 제 이름 Agnès 로 예약 했어요.
J'ai une réservation au nom d'Agnès.
[제 윈 헤제흐바씨옹 오 농 다녜쓰.]

03 테이블 ☂

table
[따블르]

· 테이블이 더러워요.
La table est trop sale.
[라 따블르 에 트호 쌀.]

· 테이블 닦아줘요.
Pouvez-vous nettoyer la table, s'il vous plaît ?
[뿌베 부 네뚜아이에 라 따블르, 씰 부 쁠레?]

· 테이블 흔들거려요.
La table vacille.
[라 따블르 바씨으.]

· 테이블 너무 좁아요.
La table est trop petite.
[라 따블르 에 트호 쁘띠뜨.]

· 다른 자리로 주세요.
Puis-je avoir une autre table, s'il vous plaît ?
[쀠 쥬 아부아흐 위 노트흐 따블르, 씰 부 쁠레?]

· 창가 자리로 주세요.
Puis-je avoir une table près de la fenêtre, s'il vous plaît ?
[쀠 쥬 아부아흐 윈 따블르 프헤드 라 프네트흐, 씰 부 쁠레?]

식당

04 웨이터 👨

serveur
[쎄브뵈흐]

· 여기요!
Excusez-moi !
[엑스뀌제 무아!]

· 제 웨이터를 불러줘요.
Appelez-moi un serveur, s'il vous plaît.
[아쁠레 무아 앙 쎄흐뵈흐, 씰 부 쁠레.]

· 매니저를 불러줘요.

Appelez-moi le gérant, s'il vous plaît.
[아쁠레 무아 르 제항, 씰 부 쁠레.]

· 매니저랑 얘기할래요.

Je voudrais parler au gérant.
[쥬 부드헤 빠흘레 오 제항.]

05 주문하다

commander
[꼬멍데]

· 주문하시겠어요?

Que désirez-vous ?
[끄 데지혜 부?]

· 주문할게요.

Je voudrais commander.
[쥬 부드헤 꼬멍데.]

· 주문할 준비됐어요.

Je vais commander.
[쥬 베 꼬멍데.]

· 주문했는데요.

J'ai déjà commandé.
[제 데쟈 꼬멍데.]

· 제 주문 오래전에 했어요.

J'ai déjà commandé, il y a un moment.
[제 데쟈 꼬멍데, 일 야 앙 모멍.]

06 메뉴

menu
[므뉘]

· 메뉴 어떤 걸로 하실래요?

Que voudriez-vous ?
[끄 부드히에 부?]

· 특별한 메뉴가 있나요?

Avez-vous un plat du jour ?
[아베 부 앙 쁠라 뒤 쥬흐?]

· 오늘의 메뉴는 뭐죠?

Quel est le plat du jour ?
[껠레 르 쁠라 뒤 쥬흐?]

· 메뉴 잘못 나왔어요.　　　J'ai le mauvais menu.
　　　　　　　　　　　　　[제 르 모베 므뉘.]

07 추천 👍
recommandation
[흐꼬멍다씨옹]

· 추천해 줄 메뉴라도?　　　Une recommandation ?
　　　　　　　　　　　　　[윈 흐꼬멍다씨옹?]

· 메뉴 추천해주실래요?　　　Pouvez-vous me conseiller un menu ?
　　　　　　　　　　　　　[뿌베 부 므 꽁쎄이에 앙 므뉘?]

· 이 둘 중에 뭘 추천해요?　　Lequel me recommandez-vous entre
　　　　　　　　　　　　　ces deux-là ?
　　　　　　　　　　　　　[르껠 므 흐꼬멍데 부 엉트흐 쎄 두 라?]

· 와인 추천해주세요.　　　　Pouvez-vous me recommander un
　　　　　　　　　　　　　bon vin, s'il vous plaît ?
　　　　　　　　　　　　　[뿌 베 부 므 흐꼬멍데 앙 봉 방, 씰 부 쁠레?]

08 애피타이저 🍮
hors-d'œuvre
[어흐되브흐]

· 애피타이저는 어떤 걸로　　Que voudrez-vous en hors-d'œuvre ?
하실래요?　　　　　　　　[끄 부드헤 부 엉 어흐되브흐?]

· 애피타이저가 비싸네요.　　Le hors-d'œuvre est trop cher.
　　　　　　　　　　　　　[르 어흐되브흐 에 트흐 셰흐.]

· 애피타이저 추천해 주실래요?　Me conseilleriez-vous un hors-d'œuvre ?
　　　　　　　　　　　　　[므 꽁쎄이에히에 부 앙 너흐되브흐 ?]

· 애피타이저 가벼운 걸로
추천해 주실래요?

**Pouvez-vous me conseiller un léger
hors-d'œuvre, s'il vous plaît ?**
[뿌베 부 므 꽁쎄이에 앙 레제 어흐되브흐, 씰 부
쁠레?]

09 수프 🥘

soupe
[숩쁘]

· 수프는 어떤 게 있죠?

Quel genre de soupe avez-vous ?
[껠 정흐 드 숩쁘 아베 부?]

· 오늘의 수프가 있나요?

Quelle est la soupe du jour ?
[껠레 라 숩쁘 뒤 쥬흐?]

· 수프가 너무 뜨거워요.

Ma soupe est trop chaude.
[마 숩쁘 에 트호 쇼드.]

· 수프가 너무 차가워요.

Ma soupe est trop froide.
[마 숩쁘 에 트호 프후아드.]

· 수프 대신 샐러드 주세요.

**Je voudrais une salade à la place de
la soupe, s'il vous plaît.**
[쥬 부드헤 윈 쌀라드 알라 쁠라쓰 들라 숩쁘,
씰 부 쁠레.]

10 샐러드 🥗

salade
[쌀라드]

· 샐러드 대신 수프로 주세요.

**Je voudrais une soupe à la place de la
salade, s'il vous plaît.**
[쥬 부드헤 윈 숩쁘 알라 쁠라쓰 들라 쌀라드,
씰 부 쁠레.]

· 그냥 기본 샐러드 주세요.

Une salade maison, s'il vous plaît.
[윈 쌀라드 메종, 씰 부 쁠레.]

· 샐러드 드레싱은 뭐가 있
어요?

Qu'avez-vous pour les sauces de
salade ?
[까베 부 뿌흐 레 쏘쓰 드 쌀라드?]

· 제 샐러드 아직 안 나왔어요.

Ma salade n'est pas encore arrivée.
[마 쌀라드 네 빠 정꼬흐 아히베.]

· 샐러드가 신선하지 않아요.

Ma salade n'est pas fraîche.
[마 쌀라드 네 빠 프헤슈.]

11 스테이크 🍽

steak
[스떽]

· 스테이크로 할게요.

Je voudrais un steak, s'il vous plaît.
[쥬 부드헤 앙 스떽, 씰 부 쁠레.]

· 스테이크 굽기는 어떻게
해드릴까요?

Comment voudriez-vous votre
steak ?
[꼬멍 부드히에 부 보트흐 스떽?]

· 레어로 해주세요.

Saignant, s'il vous plait.
[쎄녕, 씰 부 쁠레.]

· 미디엄으로 해주세요.

A point, s'il vous plaît.
[아 뿌앙, 씰 부 쁠레.]

· 웰던으로 해주세요.

Bien cuit, s'il vous plaît.
[비앙 뀌, 씰 부 쁠레.]

· 이거 너무 익었어요.

C'est trop cuit.
[쎄 트호 뀌.]

· 이거 너무 덜 익었어요.

Ce n'est pas assez cuit.
[쓰 네 빠 자쎄 뀌.]

식당

12 해산물 🦐

fruits de mer
[프휘 드 메흐]

· 해산물 요리로 할게요.
Je vais prendre des fruits de mer.
[쥬 베 프헝드흐 데 프휘 드 메흐.]

· 해산물 알레르기가 있어요.
Je suis allergique aux fruits de mer.
[쥬 쒸 잘레흐지끄 오 프휘 드 메흐.]

· 해산물 어떤 게 좋아요?
Quels fruits de mer me recommandez-vous ?
[껠 프휘 드 메흐 므 흐꼬멍데 부?]

13 닭 🐥

poulet
[뿔레]

· 닭 요리로 할게요.
Je vais prendre du poulet.
[쥬 베 프헝드흐 뒤 뿔레.]

· 닭 요리 추천해주세요.
Recommanderiez-vous le menu de poulet ?
[흐꼬멍드히에 부 르 므뉘 드 뿔레?]

· 닭이 너무 많이 익었어요.
Mon poulet est trop cuit.
[몽 뿔레 에 트호 뀌.]

· 닭이 덜 익었어요.
Mon poulet n'est pas cuit.
[몽 뿔레 네 빠 뀌.]

14 음료 🥤

boisson
[부아쏭]

· 음료는 어떤 게 있어요?
Quel genre de boissons avez-vous ?
[껠 정흐 드 부아쏭 아베 부?]

· 그냥 물 주세요.　　　　　　Seulement de l'eau, s'il vous plaît.
　　　　　　　　　　　　　　[쓸르멍 드 로, 씰 부 쁠레.]

· 탄산수 주세요.　　　　　　De l'eau gazeuse, s'il vous plaît.
　　　　　　　　　　　　　　[들로 가쥬즈, 씰 부 쁠레.]

· 코카콜라 주세요.　　　　　Un coca, s'il vous plaît.
　　　　　　　　　　　　　　[앙 꼬꺄, 씰 부 쁠레.]

· 펩시콜라 주세요.　　　　　Un Pepsi, s'il vous plaît.
　　　　　　　　　　　　　　[앙 뻽씨, 씰 부 쁠레.]

· 사이다 주세요.　　　　　　Un Sprite, s'il vous plaît.
　　　　　　　　　　　　　　[앙 스프히뜨, 씰 부 쁠레.]

· 오렌지 주스 주세요.　　　　Un jus d'orange, s'il vous plaît.
　　　　　　　　　　　　　　[앙 쥐 도헝쥬, 씰 부 쁠레.]

· 맥주 주세요.　　　　　　　Une bière, s'il vous plaît.
　　　　　　　　　　　　　　[윈 비에흐, 씰 부 쁠레.]

· 와인 한 잔 주세요.　　　　Un verre de vin, s'il vous plaît.
　　　　　　　　　　　　　　[앙 베흐 드 방, 씰 부 쁠레.]

· 아이스티 주세요.　　　　　Un ice tea, s'il vous plaît.
　　　　　　　　　　　　　　[아 나이쓰 티, 씰 부 쁠레.]

· 얼음 많이 주세요.　　　　　Mettez beaucoup de glaçons, s'il
　　　　　　　　　　　　　　vous plaît.
　　　　　　　　　　　　　　[메떼 보꾸 드 글라쏭, 씰 부 쁠레.]

식당

TIP 프랑스에서는 물이 유료다. 만약 공짜 물을 원한다면, 수돗물을 부탁하면 된다. 수돗물
　　(공짜 물)은 une carafe d'eau[윈 까하프 도].

15 소스 　　　　　sauce
　　　　　　　　　　　　　[쏘쓰]

· 소스는 따로 주세요.　　　　Mettez la sauce à part, s'il vous plaît.
　　　　　　　　　　　　　　[메떼 라 쏘쓰 아 빠흐, 씰 부 쁠레.]

· 소스 많이 주세요.

Mettez beaucoup de sauce, s'il vous plaît.
[메떼 보꾸 드 쏘쓰, 씰 부 쁠레.]

· 소스 더 주세요.

Plus de sauce, s'il vous plaît.
[쁠뤼 드 쏘쓰, 씰 부 쁠레.]

· 다른 소스 있어요?

Vous avez d'autres sauces ?
[부 자베 도트흐 쏘쓰?]

16 포크

fourchette
[푸흐셰뜨]

· 포크 없어요.

Je n'ai pas de fourchette.
[쥬 네 빠 드 푸흐셰뜨.]

· 포크 떨어뜨렸어요.

J'ai fait tomber ma fourchette.
[제 페 똥베 마 푸흐셰뜨.]

· 포크에 뭐가 묻어있어요.

Il y a quelque chose sur ma fourchette.
[일 야 껠끄 쇼즈 쒸 마 푸흐셰뜨.]

· 포크 하나 더 주세요.

Puis-je avoir une fourchette en plus, s'il vous plaît ?
[쀠 쥬 아부아흐 윈 푸흐셰뜨 엉 쁠뤼스, 씰 부 쁠레?]

· 다른 포크로 주세요.

Je voudrais une autre fourchette, s'il vous plaît.
[쥬 부드헤 위 노트흐 푸흐셰뜨, 씰 부 쁠레.]

17 나이프

couteau
[꾸또]

· 나이프가 없어요.

Je n'ai pas de couteau.
[쥬 네 빠 드 꾸또.]

· 나이프 떨어뜨렸어요.

J'ai fait tomber mon couteau.
[제 페 똥베 몽 꾸또.]

· 나이프에 뭐가 묻어있어요.   Il y a quelque chose sur mon couteau.
[일 야 껠끄 쇼즈 쒸흐 몽 꾸또.]

· 나이프 하나 더 주세요.   Puis-je avoir un couteau en plus, s'il vous plaît ?
[쀠 쥬 아부아흐 앙 꾸또 엉 쁠뤼쓰, 씰 부 쁠레?]

· 다른 나이프로 주세요.   Je voudrais un autre couteau, s'il vous plaît.
[쥬 부드헤 아 노트흐 꾸또, 씰 부 쁠레.]

18 디저트   dessert
[데쎄흐]

· 디저트 뭐 있어요?   Quel genre de dessert avez-vous ?
[껠 정흐 드 데쎄흐 아베 부?]

· 이제 디저트 먹을게요.   Je vais prendre le dessert maintenant.
[쥬 베 프헝드흐 르 데쎄흐 망뜨넝.]

· 달지 않은 디저트 있어요?   Avez-vous des desserts pas trop sucrés ?
[아베 부 데 데쎄흐 빠 트호 쒸크헤?]

· 아이스크림 종류는 뭐 있어요?   Quelle saveur avez-vous pour les glaces ?
[껠 싸뵈흐 아베 부 뿌흐 레 글라쓰?]

· 그냥 디저트는 안 먹을게요.   Je ne prendrais pas de dessert.
[쥬 느 프헝드헤 빠 드 데쎄흐.]

19 휴지   serviette
[쎄흐비에뜨]

· 화장실에 휴지가 없어요.   Il n'y a pas de papier toilettes.
[일 냐 빠 드 빠삐에 뚜알레뜨.]

· 물티슈 있어요?   Avez-vous des lingettes ?
[아베 부 데 랑졔뜨?]

식당

20 계산서 📋

addition
[아디씨옹]

· 계산할게요.

L'addition, s'il vous plaît.
[라디씨옹, 씰 부 쁠레.]

· 계산서 주실래요?

Puis-je avoir l'addition, s'il vous plaît ?
[쀠 쥬 아부아흐 라디씨옹, 씰 부 쁠레?]

· 계산서가 잘못됐어요.

Il y a une erreur dans l'addition.
[일 야 위 네회흐 덩 라디씨옹.]

· 이 메뉴 안 시켰는데요.

Je n'ai jamais commandé ce menu.
[쥬 네 쟈메 꼬멍데 쓰 므뉘.]

· 세금 포함한 금액이에요?

Les taxes sont-elles comprises ?
[레 딱쓰 쏭 뗄 꽁프히즈?]

21 신용카드 💳

carte de crédit
[꺅뜨 드 크헤디]

· 신용카드 되나요?

Acceptez-vous les cartes de crédit ?
[악쎕떼 부 레 꺅뜨 드 크헤디?]

· 여행자 수표 되나요?

Acceptez-vous les chèques de voyage ?
[악쎕떼 부 레 셰끄 드 봐야쥬?]

· 현금으로 할게요.

Je vais régler en espèces.
[쥬 베 헤글레 어 네스뻬쓰.]

22 팁 💵

pourboire
[뿌흐부아흐]

· 팁 여기요.

Voilà, votre pourboire.
[부알라, 보트흐 뿌흐부아흐.]

· 팁은 포함 안 되어 있습니다. **Le pourboire n'est pas inclus.**
[르 뿌흐부아흐 네 빠 앙끌뤼.]

· 팁은 테이블 위에 두었어요. **J'ai laissé le pourboire sur la table.**
[제 레쎄 르 뿌흐부아흐 쒸흐 라 따블르.]

23 햄버거 burger
[버흐기]

· 햄버거만 하나 할게요. **Seulement un burger, s'il vous plaît.**
[쐴르멍 앙 버흐거, 씰 부 쁠레.]

· 햄버거로만 두 개요. **Seulement deux burgers, s'il vous plaît.**
[쐴르멍 두 버흐거, 씰 부 쁠레.]

· 햄버거만 얼마예요? **Combien coûte un burger ?**
[꽁비앙 꾸뜨 앙 버흐거?]

24 감자튀김 frites
[프히뜨]

· 감자튀김만 하나 할게요. **Seulement des frites, s'il vous plaît.**
[쐴르멍 데 프히뜨, 씰 부 쁠레.]

· 감자튀김 큰 걸로요. **Une grande frite, s'il vous plaît.**
[윈 그헝드 프히뜨, 씰 부 쁠레.]

· 감자튀김만 얼마예요? **Combien coûte une frite ?**
[꽁비앙 꾸뜨 윈 프히뜨?]

식당

25 샐러드 🥗

salade
[쌀라드]

· 샐러드도 있어요?

Vous avez des salades ?
[부 자베 데 쌀라드?]

· 샐러드 종류가 어떻게 되나요?

Quel genre de salades avez-vous ?
[껠 정흐 드 쌀라드 아베 부?]

· 샐러드 드레싱은 따로 주세요.

Mettez la sauce à part, s'il vous plaît.
[메떼 라 쏘쓰 아 빠흐, 씰 부 쁠레.]

26 세트 🍔🥤

menu
[므뉘]

· 5번 세트 주세요.

Le menu 5, s'il vous plaît.
[르 므뉘 쌍끄, 씰 부 쁠레.]

· 세트 가격이에요?

Est-ce le prix pour le menu ?
[에 쓰 르 프히 뿌흐 르 므뉘?]

27 단품 🍔🥤

à la carte
[알라 꺅뜨]

· 아니요, 단품으로요.

Non, à la carte.
[농, 알라 꺅뜨.]

· 단품 가격이에요?

Est-ce le prix hors menu ?
[에 쓰 르 프히 오흐 므뉘?]

28 코카콜라 / 펩시 coca / pepsi
[꼬꺄 / 뺍씨]

· 코카콜라 주세요.

Un coca, s'il vous plaît.
[앙 꼬꺄, 씰 부 쁠레.]

· 펩시콜라 주세요.

Un Pepsi, s'il vous plaît.
[앙 뺍씨, 씰 부 쁠레.]

· 다이어트 코카콜라로 주세요.

Un coca light, s'il vous plaît.
[앙 꼬꺄 라이뜨, 씰 부 쁠레.]

· 다이어트 펩시콜라로 주세요.

Un Pepsi light, s'il vous plaît.
[앙 뺍씨 라이뜨, 씰 부 쁠레.]

29 여기서 먹을 거예요 sur place
[쒸흐 쁠라쓰]

· 드시고 가세요? 아니면 포장이세요?

Sur place ou à emporter ?
[쒸흐 쁠라쓰 우 아 엉뽁떼?]

· 여기서 먹을 거예요.

Sur place.
[쒸흐 쁠라쓰.]

30 포장이요 à emporter
[아 엉뽁떼]

· 드시고 가세요? 아니면 포장이세요?

Sur place ou à emporter ?
[쒸흐 쁠라쓰 우 아 엉뽁떼?]

· 포장이에요.

A emporter.
[아 엉뽁떼.]

식당

· 감자튀김만 포장해주세요. **Seules les frites seront à emporter, s'il vous plaît.**
[쐴레 프히뜨 쓰홍 아 엉뽁떼, 씰 부 쁠레.]

· 햄버거만 포장해주세요. **Seul le burger sera à emporter, s'il vous plaît.**
[쐴 르 버흐거 쓰하 아 엉뽁떼, 씰 부 쁠레.]

· 샐러드만 포장해주세요. **Seule la salade sera à emporter, s'il vous plaît.**
[쐴 라 쌀라드 쓰하 아 엉뽁떼, 씰 부 쁠레.]

31 소스

sauce
[쏘쓰]

· 소스는 뭐뭐 있어요? **Qu'avez-vous comme sauce ?**
[까베 부 꼼 쏘쓰?]

· 그냥 케첩 주세요. **Juste du ketchup, s'il vous plaît.**
[쥐스뜨 뒤 께챱, 씰 부 쁠레.]

· 마요네즈 주세요. **De la mayonnaise, s'il vous plaît.**
[들라 마요네즈, 씰 부 쁠레.]

· 머스타드 소스 주세요. **De la moutarde, s'il vous plaît.**
[들라 무따흐드, 씰 부 쁠레.]

· 칠리 소스 주세요. **De la sauce piquante, s'il vous plaît.**
[들라 쏘쓰 삐껑뜨, 씰 부 쁠레.]

· 바비큐 소스 주세요. **De la sauce barbecue, s'il vous plaît.**
[들라 쏘쓰 바흐베뀌, 씰 부 쁠레.]

32 음료

boisson
[부아쏭]

· 음료는 어떤 걸로 하실래요? **Que désirez-vous boire ?**
[끄 데지헤 부 부아흐?]

· 탄산음료 하실래요?

Voudriez-vous un soda ?
[부드히에부 앙 소다?]

· 오렌지 주스 주세요.

Un jus d'orange, s'il vous plaît.
[앙 쥐 도항쥬, 씰 부 쁠레.]

· 코카콜라 주세요.

Un coca, s'il vous plaît.
[앙 꼬까, 씰 부 쁠레.]

· 펩시콜라 주세요.

Un Pepsi, s'il vous plaît.
[앙 뻽씨, 씰 부 쁠레.]

· 사이다 주세요.

Un Sprite, s'il vous plaît.
[앙 스프히뜨, 씰 부 쁠레.]

· 커피 주세요.

Un café, s'il vous plaît.
[앙 까페, 씰 부 쁠레.]

· 리필 되나요?

Puis-je remplir mon verre à nouveau ?
[쀠 쥬 헝쁠리흐 몽 베흐 아 누보?]

33 얼음

glaçons
[글라쏭]

· 얼음 많이 주세요.

Beaucoup de glaçons, s'il vous plaît.
[보꾸 드 글라쏭, 씰 부 쁠레.]

· 얼음 조금만 주세요.

Un petit peu de glaçons, s'il vous plaît.
[앙 쁘띠 뿌 드 글라쏭, 씰 부 쁠레.]

· 얼음 너무 많아요.

Il y a trop de glaçons.
[일 야 트호 드 글라쏭.]

· 얼음 빼고 주세요.

Sans glaçons, s'il vous plaît.
[썽 글라쏭, 씰 부 쁠레.]

식당

34 빨대

paille
[빠이으]

· 빨대 어디 있어요?

Où sont les pailles ?
[우 쏭 레 빠이으?]

· 빨대 안 주셨는데요.

Vous ne m'avez pas donné de paille.
[부 느 마베 빠 도네 드 빠이으.]

· 빨대 없어요.

Il n'y a pas de pailles.
[일 냐 빠 드 빠이으.]

· 빨대 더 주세요.

Plus de pailles, s'il vous plaît.
[쁠뤼스 드 빠이으, 씰 부 쁠레.]

35 냅킨

serviette
[쎄흐비에뜨]

· 냅킨 어디 있어요?

Où sont les serviettes ?
[우 쏭 레 쎄흐비에뜨?]

· 냅킨 더 주세요.

Plus de serviettes, s'il vous plaît.
[쁠뤼스 드 쎄흐비에뜨, 씰 부 쁠레.]

· 여기 냅킨 없어요.

Il n'y a pas de serviettes.
[일 냐 빠 드 쎄흐비에뜨.]

· 냅킨 많이 좀 주세요.

Beaucoup de serviettes, s'il vous plaît.
[보꾸 드 쎄흐비에뜨, 씰 부 쁠레.]

36 뜨거운   chaud
[쇼]

· 뜨거운 아메리카노 한 잔 이요.
    Un café allongé chaud, s'il vous plaît.
    [앙 까페 알롱제 쇼, 씰 부 쁠레.]

· 뜨거운 라테 한 잔이요.
    Un latte chaud, s'il vous plait.
    [앙 라테 쇼, 씰 부 쁠레.]

· 머그에 뜨거운 물 좀 주세요.
    Donnez-moi de l'eau chaude dans une tasse, s'il vous plaît.
    [도네 무아 들로 쇼드 덩 쥔 따쓰, 씰 부 쁠레.]

37 아이스   glacé
[글라쎄]

· 아이스 아메리카노 한 잔 이요.
    Un café allongé glacé, s'il vous plaît.
    [앙 까페 알롱제 글라쎄, 씰 부 쁠레.]

· 아이스 라테 한 잔이요.
    Un latte glacé, s'il vous plaît.
    [앙 라테 글라쎄, 씰 부 쁠레.]

· 얼음물 주세요.
    De l'eau glacée, s'il vous plaît.
    [들로 글라쎄, 씰 부 쁠레.]

· 그냥 물 주세요.
    De l'eau, s'il vous plaît.
    [들로, 씰 부 쁠레.]

식당

38 우유   lait
[레]

· 우유 많이 넣어주세요.
    Avec beaucoup de lait, s'il vous plaît.
    [아벡 보꾸 들레, 씰 부 쁠레.]

· 우유 어떤 걸로 넣어드릴 까요?

Quel type de lait voudriez-vous ?
[껠 띱 들레 부드히에 부?]

· 무지방 우유로 넣어주세요.

Lait écrémé, s'il vous plaît.
[레 에크헤메, 씰 부 쁠레.]

· 저지방 우유로 넣어주세요.

Lait demi-écrémé, s'il vous plaît.
[레 드미 에크헤메, 씰 부 쁠레.]

· 두유로 넣어주세요.

Lait de soja, s'il vous plaît.
[레 드 쏘쟈, 씰 부 쁠레.]

39 시럽

sirop
[씨호]

· 시럽 넣어 드려요?

Voudriez-vous du sirop ?
[부드히에 부 뒤 씨호?]

· 시럽 빼주세요.

Sans sirop, s'il vous plaît.
[썽 씨호, 씰 부 쁠레.]

· 시럽 조금만 넣어주세요.

Un petit peu de sirop, s'il vous plaît.
[앙 쁘띠 뿌 드 씨호, 씰 부 쁠레.]

· 시럽 많이 넣어주세요.

Beaucoup de sirop, s'il vous plaît.
[보꾸 드 씨호, 씰 부 쁠레.]

· 바닐라 시럽 넣어주세요.

Du sirop de vanille, s'il vous plaît.
[뒤 씨호 드 바니으, 씰 부 쁠레.]

· 헤이즐넛 시럽 넣어주세요.

Du sirop de noisette, s'il vous plaît.
[뒤 씨호 드 누아제뜨, 씰 부 쁠레.]

· 시럽 어디 있어요?

Où sont les sirops ?
[우 쏭 레 씨호?]

40 휘핑크림 🍦

crème fouettée
[크렘 푸에떼]

· 휘핑크림 올려드릴까요?

Voudriez-vous un peu de crème fouettée ?
[부드히에 부 앙 뿌 드 크렘 푸에떼?]

· 휘핑크림 빼주세요.

Sans crème fouettée, s'il vous plaît.
[썽 크렘 푸에떼, 씰 부 쁠레.]

· 휘핑크림 조금만요.

Avec un peu de crème fouettée, s'il vous plaît.
[아벡 앙 뿌 드 크렘 푸에떼, 씰 부 쁠레.]

· 휘핑크림 많이 주세요.

Avec beaucoup de crème fouettée, s'il vous plaît.
[아벡 보꾸 드 크렘 푸에떼, 씰 부 쁠레.]

41 사이즈 🥤

taille
[따이으]

· 사이즈 어떤 걸로 드려요?

Quelle taille voudriez-vous ?
[껠 따이으 부드히에 부?]

· 사이즈 어떤 거 있어요?

Quelles tailles avez-vous ?
[껠 따이으 아베 부?]

· 이게 무슨 사이즈예요?

Quelle taille est-ce ?
[껠 따이으 에 쓰?]

· 제일 큰 거 주세요.

Le plus grand, s'il vous plaît.
[르 쁠뤼 그헝, 씰 부 쁠레.]

· 제일 작은 거 주세요.

Le plus petit, s'il vous plaît.
[르 쁠뤼 쁘띠, 씰 부 쁠레.]

식당

42 추가하다 ✚

ajouter
[아쥬떼]

· 에스프레소 샷 추가 해주세요.

Une dose de café supplémentaire, s'il vous plaît.
[윈 도즈 드 까페 쒸쁠레멍떼흐, 씰 부 쁠레.]

· 휘핑크림 추가해주세요.

Plus de crème fouettée, s'il vous plaît.
[쁠뤼스 드 크헴 푸에떼, 씰 부 쁠레.]

· 시럽 추가해주세요.

Plus de sirop, s'il vous plaît.
[쁠뤼스 드 씨호, 씰 부 쁠레.]

· 라테 거품 많이요.

Plus de mousse dans mon latte, s'il vous plaît.
[쁠뤼스 드 무쓰 덩 몽 라테, 씰 부 쁠레.]

· 우유 많이요.

Plus de lait, s'il vous plaît.
[쁠뤼스 들레, 씰 부 쁠레.]

· 계피 가루 많이요.

Plus de cannelle, s'il vous plaît.
[쁠뤼스 드 까넬스, 씰 부 쁠레.]

43 케이크 🥞

gâteau
[갸또]

· 케이크 종류 뭐 있어요?

Quel genre de gâteau avez-vous ?
[껠 정흐 드 갸또 아베 부?]

· 이 케이크는 얼마예요?

Combien coûte ce gâteau ?
[꽁비앙 꾸뜨 쓰 갸또?]

· 한 조각 주세요.

Je prendrais une part.
[쥬 프헝드헤 윈 빠흐.]

· 초콜릿 케이크 주세요.

Je vais prendre un gâteau au chocolat.
[쥬 베 프헝드흐 앙 갸또 오 쇼꼴라.]

· 치즈 케이크 주세요. **Je vais prendre un cheesecake.**
[쥬 베 프헝드흐 앙 치즈케잌.]

· 라즈베리 케이크 주세요. **Je vais prendre un framboisier.**
[쥬 베 프헝드흐 앙 프헝부아지에.]

44 타르트 ⊜ tarte
[딱뜨]

· 타르트 종류 뭐 있어요? **Quel genre de tarte avez-vous ?**
[껠 졍흐 드 딱뜨 아베 부?]

· 이 타르트는 얼마예요? **Combien coûte cette tarte ?**
[꽁비앙 꾸뜨 쎄뜨 딱뜨?]

· 한 조각 주세요. **Je prendrais une part.**
[쥬 프헝드헤 윈 빠흐.]

· 사과 타르트 주세요. **Je vais prendre une tarte aux pommes.**
[쥬 베 프헝드흐 윈 딱뜨 오 뽐므.]

· 딸기 타르트 주세요. **Je vais prendre une tarte aux fraises.**
[쥬 베 프헝드흐 윈 딱뜨 오 프헤즈.]

· 라즈베리 타르트 주세요. **Je vais prendre une tarte aux framboises.**
[쥬 베 프헝드흐 윈 딱뜨 오 프헝부아즈.]

45 샌드위치 △ sandwich
[썽드위치]

· 샌드위치 있어요? **Avez-vous des sandwichs ?**
[아베 부 데 썽드위치?]

· 샌드위치 뭐 있어요? **Quel genre de sandwich avez-vous ?**
[껠 졍흐 드 썽드위치 아베 부?]

식당

· 빵 종류는 어떤 걸로 드릴까요?
Quel genre de pain voulez-vous ?
[껠 정흐 드 빵 불레 부?]

· 그냥 밀가루 빵이요.
Juste du pain blanc, s'il vous plaît.
[쥐스뜨 뒤 빵 블랑, 씰 부 쁠레.]

· 호밀 빵이요.
Du pain de seigle, s'il vous plaît.
[뒤 빵 드 쎄글르, 씰 부 쁠레.]

· 여기엔 뭐 들어 있어요?
Qu'est-ce qu'il y a dedans ?
[께 쓰 낄 야 드덩?]

· 양파 빼 주세요.
Sans oignons, s'il vous plaît.
[썽 조뇽, 씰 부 쁠레.]

· 야채 추가요.
Ajoutez des légumes, s'il vous plaît.
[아쥬떼 데 레귬, 씰 부 쁠레.]

· 치즈 추가요.
Ajoutez du fromage, s'il vous plaît.
[아쥬떼 뒤 프호마쥬, 씰 부 쁠레.]

· 햄 추가요.
Ajoutez du jambon, s'il vous plaît.
[아쥬떼 뒤 정봉, 씰 부 쁠레.]

· 샌드위치 식었어요.
Ce sandwich est froid.
[쓰 썽드위치 에 프후아.]

46 베이글 ⊝
bagel
[바글]

· 베이글 있어요?
Avez-vous des bagels ?
[아베 부 데 바글?]

· 베이글 뭐 있어요?
Quel genre de bagels avez-vous ?
[껠 정흐 드 바글 아베 부?]

· 데워 드릴까요?
Vous le voulez réchauffé ?
[부 르 불레 헤쇼페?]

· 베이글 말고 뭐 있어요?

Qu'avez-vous à part les bagels ?
[까베 부 아 빠흐 레 바글?]

· 스콘 있어요?

Avez-vous des scones ?
[아베 부 데 스꼰?]

47 와이파이 📶

WIFI
[위피]

· 여기 와이파이 되나요?

Vous avez de la WIFI ici ?
[부 자베 들라 위피 이씨?]

· 와이파이 비밀번호 뭐예요?

Quel est le mot de passe de la WIFI ?
[껠 레 르 모드 빠쓰 들라 위피?]

· 와이파이 좀 연결해 주세요.

**Pouvez-vous me connecter à la WIFI,
s'il vous plaît ?**
[뿌베 부 므 꼬넥떼 알라 위피, 씰 부 쁠레?]

48 화장실 🚻

toilettes
[뚜알레뜨]

· 화장실 어디 있어요?

Où sont les toilettes ?
[우 쏭 레 뚜알레뜨?]

· 누구 있어요?

**Est-ce qu'il y a quelqu'un dans les
toilettes ?**
[에 쓰 낄 야 껠깡 덩 레 뚜알레뜨?]

· 화장실이 잠겼는데요.

Les toilettes sont fermées.
[레 뚜알레뜨 쏭 페흐메.]

· 화장실 더러워요.

Les toilettes sont sales.
[레 뚜알레뜨 쏭 쌀.]

· 화장실에 휴지 없어요.

Il n'y a pas de papier toilette.
[일 냐 빠 드 빠삐에 뚜알레뜨.]

식당

위급상황 필요한 단어

01	너무 짠	**trop salé** [트호 쌀레]
02	너무 뜨거운	**trop chaud** [트호 쇼]
03	너무 차가운	**trop froid** [트호 프후아]
04	너무 매운	**trop épicé** [트호 뻬삐쎄]
05	맛이 이상한	**bizarre** [비자흐]
06	떨어뜨렸어요	**j'ai fait tomber** [제 페 똥베]
07	안 나왔는데요	**n'est pas encore arrivé** [네 빠 정꼬흐 아히베]
08	바꿔주세요	**échangez** [에셩제]
09	포장해주세요	**à emporter** [아 엉뽁떼]
10	이거 안 시켰어요	**je n'ai pas commandé ça** [쥬 네 빠 꼬멍데 싸]
11	이거 빼주세요	**sans ça** [썽 싸]

12	흘렸어요	renversé [헝벡쎄]
13	리필하다	rajouter [하쥬떼]
14	~이 없어요	il n'y a pas de [일 냐 빠 드]

식당

빨리찾아 말하면 OK!

· 화장실 어디 있어요?
Où sont les toilettes ?
[우 쏭 레 뚜알레뜨?]

· 누구 있어요?
Est-ce qu'il y a quelqu'un dans les toilettes ?
[에 쓰 낄 야 껠꺙 덩 레 뚜알레드?]

· 화장실이 잠겼는데요.
Les toilettes sont fermées.
[레 뚜알레뜨 쏭 페흐메.]

· 화장실 더러워요.
Les toilettes sont sales.
[레 뚜알레뜨 쏭 쌀.]

· 화장실에 휴지 없어요.
Il n'y a pas de papier toilette.
[일 냐 빠 드 빠삐에 뚜알레뜨.]

· 이거 너무 짜요.
C'est trop salé.
[쎄 트호 쌀레.]

· 이거 너무 뜨거워요.
C'est trop chaud.
[쎄 트호 쇼.]

· 조심하세요! 접시 뜨거워요.
Attention! le plat est chaud.
[아떵씨옹, 르 쁠라 에 쇼.]

· 저 지금 데일 뻔했어요!
Je me suis presque brûlé !
[쥬 므 쒸 프헤스끄 브휠레!]

· 저(여성) 지금 데일 뻔했어요!
Je me suis presque brûlée !
[쥬 므 쒸 프헤스끄 브휠레!]

· 이거 너무 차가워요.
C'est trop froid.
[쎄 트호 쇼.]

· 데워 주세요.
Réchauffez ça, s'il vous plaît.
[헤쇼페 싸, 씰 부 쁠레.]

· 이거 너무 매워요.
C'est trop épicé.
[쎄 트호 뻬삐쎄.]

· 너무 싱거워요.
C'est trop fade.
[쎄 트호 파드.]

· 소금 좀 주세요. **Puis-je avoir un peu de sel, s'il vous plaît ?**
[쀠 쥬 아부아흐 앙 뿌 드 쎌, 씰 부 쁠레?]

· 이거 맛이 이상한데요. **Ça a un goût bizarre.**
[싸 아 앙 구 비자흐.]

· 주방장 불러줘요. **Appelez-moi le chef, s'il vous plaît.**
[아쁠레 무아 르 셰프, 씰 부 쁠레.]

· 포크 떨어뜨렸어요. **J'ai fait tomber ma fourchette.**
[졔 페 똥베 마 푸흐셰뜨.]

· 나이프 떨어뜨렸어요. **J'ai fait tomber mon couteau.**
[졔 페 똥베 몽 꾸또.]

· 잔을 떨어뜨렸어요. **J'ai fait tomber mon verre.**
[졔 페 똥베 몽 베흐.]

· 접시를 떨어뜨렸어요. **J'ai fait tomber mon plat.**
[졔 페 똥베 몽 쁠라.]

· 메뉴 안 나왔는데요. **Ma commande n'est pas encore arrivée.**
[마 꼬망드 네 빠 정꼬흐 아히베.]

· 수프 안 나왔어요. **Ma soupe n'est pas encore arrivée.**
[마 숩쁘 네 빠 정꼬흐 아히베.]

· 샐러드 안 나왔어요. **Ma salade n'est pas encore arrivée.**
[마 쌀라드 네 빠 정꼬흐 아히베.]

· 애피타이저 안 나왔어요. **Mon hors-d'œuvre n'est pas encore arrivé.**
[모 너흐되브흐 네 빠 정꼬흐 아히베.]

· 음료가 안 나왔어요. **Ma boisson n'est pas encore arrivée.**
[마 부아쏭 네 빠 정꼬흐 아히베.]

· 디저트가 안 나왔어요. **Mon dessert n'est pas encore arrivé.**
[몽 데쎄흐 네 빠 정꼬흐 아히베.]

· 메인이 먼저 나왔네요. **Mon plat principal n'est pas encore arrivé.**
[몽 쁠라 프항씨빨 네 빠 정꼬흐 아히베.]

식당

· 메뉴 바꿔주세요.
Échangez-moi ce plat, s'il vous plaît.
[에셩제 무아 쓰 쁠라, 씰 부 쁠레.]

· 못 먹겠어요.
Je ne peux pas manger ça.
[쥬 느 뿌 빠 망졔 싸.]

· 이거 포장해주세요.
Pouvez-vous préparer ça à emporter, s'il vous plaît ?
[뿌베 부 프헤빠헤 싸 아 엉뽁떼, 씰 부 쁠레?]

· 이 메뉴 포장해주세요.
Ça sera à emporter.
[싸 쓰하 아 엉뽁떼.]

· 이 메뉴 안 시켰어요.
Je n'ai pas commandé ça.
[쥬 네 빠 꼬멍데 싸.]

· 이거 먹은 적 없어요.
Je n'ai jamais eu ça.
[쥬 네 쟈메 유 싸.]

· 양파 빼주세요.
Sans oignons, s'il vous plaît.
[썽 조뇽, 씰 부 쁠레.]

· 토마토 빼주세요.
Sans tomates, s'il vous plaît.
[썽 또마뜨, 씰 부 쁠레.]

· 양상추 빼주세요.
Sans laitue, s'il vous plaît.
[썽 레뛰, 씰 부 쁠레.]

· 올리브 빼주세요.
Sans olives, s'il vous plaît.
[썽 졸리브, 씰 부 쁠레.]

· 계피 가루 빼주세요.
Sans cannelle, s'il vous plaît.
[썽 까넬, 씰 부 쁠레.]

· 치즈 빼주세요.
Sans fromage, s'il vous plaît.
[썽 프호마쥬, 씰 부 쁠레.]

· 시럽 빼주세요.
Sans sirop, s'il vous plaît.
[썽 씨호, 씰 부 쁠레.]

· 이거 흘렸어요.
J'ai renversé ça.
[졔 헝벡쎄 싸.]

· 코카콜라 흘렸어요.　J'ai renversé mon coca.
[제 헝벡쎄 몽 꼬꺄.]

· 펩시콜라 흘렸어요.　J'ai renversé mon Pepsi.
[제 헝벡쎄 몽 뻽씨.]

· 물을 흘렸어요.　J'ai renversé mon eau.
[제 헝벡쎄 모 노.]

· 제 음료 흘렸어요.　J'ai renversé ma boisson.
[제 헝벡쎄 마 부아쏭.]

· 소스를 흘렸어요.　J'ai renversé ma sauce.
[제 헝벡쎄 마 쏘쓰.]

· 수프를 흘렸어요.　J'ai renversé ma soupe.
[제 헝벡쎄 마 숩쁘.]

· 여기 좀 닦아주세요.　Pouvez-vous nettoyer ici, s'il vous plaît ?
[뿌베 부 네뚜아이에 이씨, 씰 부 쁠레?]

· 리필 되나요?　Pouvez-vous remplir ça ?
[뿌베 부 헝쁠리흐 싸?]

· 이거 리필해 주세요.　Remplissez ça à nouveau, s'il vous plaît.
[헝쁠리쎄 싸 아 누보, 씰 부 쁠레.]

· 다른 음료로 리필해 주세요.　Puis-je avoir une autre boisson ?
[쀠 쥬 아부아흐 아 노트흐 부아쏭?]

· 냅킨이 없어요.　Il n'y a pas de serviettes.
[일 냐 빠 드 쎄흐비에뜨.]

· 빨대가 없어요.　Il n'y a pas de pailles.
[일 냐 빠 드 빠이으.]

· 우유가 없어요.　Il n'y a pas de lait.
[일 냐 빠 들레.]

· 시럽이 없어요.　Il n'y a pas de sirop.
[일 냐 빠 드 씨호.]

· 소금이 없어요.　Il n'y a pas de sel.
[일 냐 빠 드 쎌.]

식당

스테이크 주세요!

Vous voulez quelle cuisson ?

고기 굽기는 어떻게 하시겠습니까?

A point, s'il vous plaît.

미디움으로 주세요.

GLOU

앗싸

여기요!

자신 있게 외쳐라~
Parlez avec assurance !

메뉴판 주세요.

La carte, s'il vous plaît.
[라 꺅트, 씰부 쁠레.]

웰던으로 주세요.

Bien cuit, s'il vous plaît.
[비앙 뀌, 씰 부 쁠레.]

미디움으로 주세요.

A point, s'il vous plaît.
[아 뿌앙, 씰 부 쁠레.]

레어로 주세요.

Saignant, s'il vous plaît.
[쎄녕, 씰 부 쁠레.]

더 구워주세요.

**Pouvez-vous le cuir un peu plus,
s'il vous plaît ?**
[뿌베 부 르 뀌흐 앙 쁘 쁠뤼스, 씰 부 쁠레?]

식당

PART 08

관광할 때

관광할 때

많은 단어를 알 필요 없다
왜? 말할 게 뻔하니까 !

01	매표소	**billetterie** [비에트히]
02	할인	**réduction** [헤뒥씨옹]
03	입구	**entrée** [엉트헤]
04	출구	**sortie** [쏙띠]
05	입장료	**prix d'entrée** [프히 덩트헤]
06	추천	**recommandation** [흐꼬멍다씨옹]
07	안내소	**comptoir d'informations** [꽁뚜아 당포흐마씨옹]
08	관광 명소	**attraction touristique** [아트학씨옹 뚜히스띠끄]
09	브로셔	**brochure** [브호쉬흐]
10	영업 시간	**horaires d'ouverture** [오헤흐 두백뛰흐]
11	시간표	**horaire** [오헤흐]

관광

빨리찾아 읽으세요

01 매표소

billetterie
[비에트히]

· 매표소 어디예요?
Où est la billetterie ?
[우 에 라 비에트히?]

· 매표소 가까워요?
La billetterie est-elle près d'ici ?
[라 비에트히 에 뗄 프헤 디씨?]

· 매표소 열었어요?
La billetterie est-elle ouverte ?
[라 비에트히 에 뗄 우벡뜨?]

· 매표소에 사람이 없어요.
Il n'y a personne à la billetterie.
[일 냐 뻭쏜 알라 비에트히.]

02 할인

réduction
[헤뒥씨옹]

· 할인되나요?
Je peux avoir une réduction, s'il vous plaît ?
[쥬 뿌 아부아흐 윈 헤뒥씨옹, 씰 부 쁠레?]

· 학생 할인되나요?
Je peux avoir un tarif étudiant, s'il vous plaît ?
[쥬 뿌 아부아흐 앙 따히프 에뛰디엉, 씰 부 쁠레?]

· 할인된 가격이에요?
Est-ce un prix réduit ?
[에 쓰 앙 프히 헤뒤?]

관광

03 입구

entrée
[엉트헤]

· 입구가 어디예요?
Où est l'entrée ?
[우 에 렁트헤?]

· 입구가 안 보여요.
Je ne trouve pas l'entrée.
[쥬 느 트후브 빠 렁트헤.]

· 이 방향이 입구예요?
L'entrée est-elle dans ce sens ?
[렁트헤 에 뗄 덩 쓰 썽스?]

04 출구

sortie
[쏘띠]

· 출구가 어디죠?
Où est la sortie ?
[우 에 라 쏘띠?]

· 출구가 안 보여요.
Je ne trouve pas la sortie.
[쥬 느 트후브 빠 라 쏘띠.]

· 이 방향이 출구예요?
La sortie est-elle dans ce sens ?
[라 쏘띠 에 뗄 덩 쓰 썽스?]

05 입장료

prix d'entrée
[프히 덩트헤]

· 입장료가 얼마죠?
Combien coûte l'entrée ?
[꽁비앙 꾸뜨 렁트헤?]

· 어린이 입장료는 얼마죠?
Combien coûte l'entrée pour les enfants ?
[꽁비앙 꾸뜨 렁트헤 뿌흐 레 정펑?]

· 어른 입장료는 얼마죠?
Combien coûte l'entrée pour les adultes ?
[꽁비앙 꾸뜨 렁트헤 뿌흐 레 자뒬뜨?]

· 입장료만 내면 다 볼 수 있나요?

Est-ce que l'entrée couvre tout ?
[에 쓰 끄 렁트헤 꾸브흐 뚜?]

06 추천 👍

recommandation
[흐꼬멍다씨옹]

· 추천할 만한 볼거리 있어요?

Avez-vous une recommandation sur ce qu'il faut voir ?
[아베 부 윈 흐꼬멍다씨옹 쒸흐 쓰 낄포 부아흐?]

· 제일 추천하는 건 뭐예요?

Que recommanderiez-vous le plus ?
[끄 흐꼬멍드히에 부 르 쁠뤼스?]

· 추천 안 하는 건 어떤 거예요?

Lequel ne recommanderiez-vous pas ?
[르껠 느 흐꼬멍드히에 부 빠?]

· 추천하는 코스가 있나요?

Pouvez-vous recommander un itinéraire ?
[뿌베 부 흐꼬멍데 아 니띠네헤흐?]

07 안내소 🛈

comptoir d'informations
[꽁뚜아흐 당포흐마씨옹]

· 안내소가 어디예요?

Où est le comptoir d'informations ?
[우 에 르 꽁뚜아흐 당포흐마씨옹?]

· 안내소가 여기서 멀어요?

Le comptoir d'information est-il loin d'ici ?
[르 꽁뚜아흐 당포흐마씨옹 에 띨 루앙 디씨?]

· 가까운 안내소는 어디예요?

Où se trouve le comptoir d'informations le plus proche ?
[우 쓰 트후브 르 꽁뚜아흐 당포흐마씨옹 르 쁠뤼 프호슈?]

관광

· 안내소에 사람이 없어요.
Il n'y a personne au comptoir d'informations.
[일 냐 뻬쏜 오 꽁뚜아흐 당포흐마씨옹.]

08 관광 명소
attraction touristique
[아트학씨옹 뚜히스띠끄]

· 제일 유명한 관광 명소가 어떤 거죠?
Quelle est l'attraction touristique la plus populaire ici ?
[껠 레 라트학씨옹 뚜히스띠끄 라 쁠뤼 뽀쀨레흐 이씨?]

· 관광 명소 추천해 주세요.
Pouvez-vous me recommander une attraction touristique, s'il vous plaît ?
[뿌베 부 므 흐꼬멍데 위 나트학씨옹 뚜히스띠끄, 씰 부 쁠레?]

· 보는 시간이 적게 걸리는 건 어떤 거죠?
Laquelle prend le moins de temps à faire ?
[라껠 프헝 르 무앙 드 떵 아 페흐?]

· 보는 시간이 많이 걸리는 건 어떤 거죠?
Laquelle prend le plus de temps à faire ?
[라껠 프헝 르 쁠뤼스 드 떵 아 페흐?]

09 브로셔
brochure
[브호쉬흐]

· 브로셔 어디서 구해요?
Où puis-je avoir la brochure ?
[우 쀠 쥬 아부아흐 라 브호쉬흐?]

· 브로셔 하나 주세요.
Donnez-moi une brochure, s'il vous plaît.
[도네 무아 윈 브호쉬흐, 씰 부 쁠레.]

· 한국어 브로셔 있어요? **Avez-vous une brochure en coréen ?**
[아베 부 윈 브호쉬흐 엉 꼬헤앙?]

· 영어 브로셔 있어요? **Avez-vous une brochure en anglais ?**
[아베 부 윈 브호쉬흐 어 넝글레?]

10 영업 시간 🕐
horaires d'ouverture
[오헤흐 두벡뛰흐]

· 영업 시간이 언제예요? **Quels sont les horaires d'ouverture ?**
[껠 쏭 레 조헤흐 두벡뛰흐?]

· 언제 열어요? **Vous ouvrez à quelle heure ?**
[부 주브헤 아 껠 뢰흐?]

· 언제 닫아요? **Vous fermez à quelle heure ?**
[부 페흐메 아 껠 뢰흐?]

11 시간표 🗓️
horaire
[오헤흐]

· 시간표 어디서 봐요? **Où est-ce que je peux voir les horaires ?**
[우 에쓰 끄 쥬 뿌 부아흐 레 조헤흐?]

· 이 공연 시간표가 어떻게 되나요? **Quels sont les horaires de ce spectacle ?**
[껠 쏭 레 조헤흐 드 쓰 스뻭따끌르?]

· 시간표가 달라요. **Ces horaires sont incorrects.**
[쎄 조헤흐 쏭 땅꼬헥뜨.]

· 해설사가 설명해주는 건 언제예요? **À quelle heure est la visite guidée ?**
[아 껠 뢰흐 에 라 비지뜨 기데?]

관광

12 사진

photo
[포또]

· 사진 찍으시면 안 됩니다.
Les photos sont interdites.
[레 포또 쏭 떵떼흐디뜨.]

· 사진 찍어도 되나요?
Puis-je prendre une photo ?
[쀠 쥬 프헝드흐 윈 포또?]

· 사진 한 장만 찍어줄래요?
Pouvez-vous prendre une photo, s'il vous plaît ?
[뿌베 부 프헝드흐 윈 포또, 씰 부 쁠레?]

· 이거랑 같이 찍어주세요.
Prenez une photo avec ça, s'il vous plaît.
[프흐네 윈 포또 아벡 싸, 씰 부 쁠레.]

· 우리 같이 찍어요.
Est-ce qu'on peut prendre une photo ensemble ?
[에 쓰 꽁 뿌 프헝드흐 윈 포또 엉썽블르?]

13 설명

explication
[엑쓰쁠리까씨옹]

· 이거 설명해 주세요.
Pouvez-vous m'expliquer ça, s'il vous plaît ?
[뿌베 부 멕쓰쁠리께 싸, 씰 부 쁠레?]

· 설명해 주시는 분 있어요?
Avez-vous un guide ?
[아베 부 앙 기드?]

· 한국어로 된 설명도 있어요?
Avez-vous une explication en coréen ?
[아베 부 윈 엑쓰쁠리까씨옹 엉 꼬헤앙?]

· 영어로 된 설명도 있어요?
Avez-vous une explication en anglais ?
[아베 부 윈 엑쓰쁠리까씨옹 어 넝글레?]

14 일정 🕐📅

programmation
[프호그하마씨옹]

· 이 공연 스케줄은 언제예요?
Quelle est la programmation de ce spectacle ?
[껠 레 라 프호그하마씨옹 드 쓰 스뻭따끌르?]

· 자세한 스케줄은 어디서 봐요?
Où est-ce que je peux voir la programmation en détail ?
[우 에쓰 끄 쥬 뿌 부아흐 라 프호그하마씨옹 엉 데따이?]

· 이 스케줄이 맞아요?
Est-ce que cette programmation est correcte ?
[에 쓰 끄 쎄뜨 프호그하마씨옹 에 꼬헥뜨?]

15 출발 🖐🧳

départ
[데빠흐]

· 출발이 언제예요?
À quelle heure est le départ ?
[아 껠 뢰흐 에 르 데빠흐?]

· 출발을 조금만 늦게 하면 안 되나요?
Est-ce qu'on peut partir plus tard ?
[에쓰꽁 뿌 빠띠흐 쁠뤼 따흐?]

· 출발 시간이 너무 빨라요.
L'heure de départ est trop tôt.
[뢰흐 드 데빠흐 에 트호 또.]

관광

16 도착

arrivée
[아히베]

· 도착이 언제예요?
À quelle heure est l'arrivée ?
[아 껠 뢰흐 에 라히베?]

· 도착 시간이 늦네요.
L'heure d'arrivée est trop tard.
[뢰흐 다히베 에 트호 따흐]

17 통역사

interprète
[앙떼흐프헤뜨]

· 통역사를 구하려면 어떻게 해요?
Comment je fais pour contacter un interprète ?
[꼬멍 쥬 페 뿌흐 꽁딱떼 아 낭떼흐프헤뜨?]

· 통역사가 필요해요.
J'ai besoin d'un interprète.
[제 브주앙 다 낭떼흐프헤뜨]

· 한국어 통역사 있어요?
Avez-vous un interprète coréen ?
[아베 부 아 낭떼흐프헤뜨 꼬헤앙?]

18 시티 투어

tour de la ville
[뚜흐 들라 빌]

· 시티 투어 하고 싶어요.
Je voudrais faire un tour de la ville.
[쥬 부드헤 페흐 앙 뚜흐 들라 빌]

· 시티 투어 예약하고 싶어요.
Je voudrais réserver pour un tour de la ville.
[쥬 부드헤 헤제흐베 뿌흐 앙 뚜흐 들라 빌]

· 시티 투어 자리 있어요?
Avez-vous des places pour un tour de la ville ?
[아베 부 데 쁠라쓰 뿌흐 앙 뚜흐 들라 빌?]

· 저 혼자 할 거예요.　　　　**Seulement moi.**
　　　　　　　　　　　　　[쐴르멍 무아.]

· 두 사람입니다.　　　　　　**Nous sommes deux.**
　　　　　　　　　　　　　[누 쏨 두.]

19 지도　　　　　　carte
　　　　　　　　　　　　　[꺅뜨]

· 지도 있어요?　　　　　　　**Avez-vous une carte ?**
　　　　　　　　　　　　　[아베 부 윈 꺅뜨?]

· 시티 투어 지도 있어요?　　**Avez-vous une carte pour le tour de la ville ?**
　　　　　　　　　　　　　[아베부윈꺅뜨 뿌흐르뚜흐 들라빌?]

· 지도 좀 같이 봐도 될까요?　**Pouvez-vous partager votre carte avec moi, s'il vous plaît ?**
　　　　　　　　　　　　　[뿌베 부 빡따제 보트흐 꺅뜨 아벡 무아, 씰 부 쁠레?]

20 선물 가게　　　　boutique de souvenirs
　　　　　　　　　　　　　[부띠끄 드 쑤브니흐]

· 선물 가게 어디 있어요?　　**Où est la boutique de souvenirs ?**
　　　　　　　　　　　　　[우 에 라 부띠끄 드 쑤브니흐?]

· 선물 가게 멀어요?　　　　　**La boutique de souvenirs est-elle loin d'ici ?**
　　　　　　　　　　　　　[라 부띠끄 드 쑤브니흐 에뗄 루앙 디씨?]

· 선물 가게 열었나요?　　　　**La boutique de souvenirs est-elle ouverte ?**
　　　　　　　　　　　　　[라 부띠끄 드 쑤브니흐 에뗄 우벡뜨?]

· 기념품 사려고요.　　　　　**Je voudrais acheter des souvenirs.**
　　　　　　　　　　　　　[쥬 부드헤 아슈떼 데 쑤브니흐.]

관광

21 공연

spectacle
[스뻭따끌르]

· 공연 볼 거예요.
Je vais voir le spectacle.
[쥬 베 부아흐 르 스뻭따끌르.]

· 공연 언제 시작해요?
À quelle heure commence le spectacle ?
[아 껠 뢰흐 꼬멍쓰 르 스뻭따끌르?]

· 공연 언제 끝나요?
À quelle heure finit le spectacle ?
[아 껠 뢰흐 피니 르 스뻭따끌르?]

· 공연 얼마 동안 해요?
Combien de temps dure le spectacle ?
[꽁비앙 드 떵 뒤흐 르 스뻭따끌르?]

· 공연이 취소되었습니다.
Le spectacle a été annulé.
[르 스뻭따끌르 아 에떼 아뉠레.]

22 예매

réservation
[헤제흐바씨옹]

· 티켓 예매하려고요.
Je souhaiterais effectuer une réservation.
[쥬 수에뜨헤 에펙뛰에 윈 헤제흐바씨옹.]

· 예매하면 할인되나요?
Ai-je une réduction si je réserve ?
[에 쥬 윈 헤뒥씨옹 씨 쥬 헤제흐브?]

· 예매 안 했어요.
Je n'ai pas fait de réservation.
[쥬 네 빠 페 드 헤제흐바씨옹.]

23 공연 시간

durée de représentation
[뒤헤 드 흐프헤정따씨옹]

· 공연 시간이 얼마나 되죠?
Combien de temps dure le spectacle ?
[꽁비앙 드 떵 뒤흐 르 스뻭따끌르?]

· 공연 시간 동안 뭐 먹어도 되나요?

Est-ce que je peux manger durant le spectacle ?
[에 쓰 끄 쥬 뿌 멍제 뒤헝 르 스뻭따끌르?]

· 공연 시간 동안 사진 찍어도 되나요?

Est-ce que je peux prendre des photos durant le spectacle ?
[에 쓰 끄 쥬 뿌 프헝드흐 데 포또 뒤헝 르 스뻭따끌르?]

· 공연 시간이 짧네요.

Le spectacle est trop court.
[르 스뻭따끌르 에 트호 꾸흐.]

· 공연 시간이 길어요.

Le spectacle est trop long.
[르 스뻭따끌르 에 트호 롱.]

24 매진된 🎟️

épuisé
[에쀠제]

· 매진되었나요?

Les places sont-elles épuisées ?
[레 쁠라쓰 쏭 뗄 에쀠제?]

· 다음 공연은 몇 시예요?

À quelle heure est le prochain spectacle ?
[아 껠 뢰흐 에 르 프호샹 스뻭따끌르?]

· 아예 표가 없어요?

Vous n'avez plus de billets du tout ?
[부 나베 쁠뤼 드 비에 뒤 뚜?]

· 자리가 나면 연락 주세요.

Appelez-moi quand vous avez des places disponibles, s'il vous plaît.
[아쁠레 무아 껑 부 자베 데 쁠라쓰 디스뽀니블, 씰 부 쁠레.]

관광

TIP 영어의 티켓도 통용되지만, 그보다 더 많이 사용되는 어휘가 바로 교통, 콘서트, 기차표, 입장권 등을 통칭하는 billet[비에].

25 좌석 🪑

place
[쁠라쓰]

· 앞 좌석으로 주세요.

Donnez-moi des places à l'avant, s'il vous plaît.
[도네 무아 데 쁠라쓰 아 라벙, 씰 부 쁠레.]

· 뒷좌석으로 주세요.

Donnez-moi des places à l'arrière, s'il vous plaît.
[도네 무아 데 쁠라쓰 아 라히에흐, 씰 부 쁠레.]

· 중간 좌석으로 주세요.

Donnez-moi des places au milieu, s'il vous plaît.
[도네 무아 데 쁠라쓰 오 밀리우, 씰 부 쁠레.]

· 좋은 자리로 주세요.

Donnez-moi de bonnes places, s'il vous plaît.
[도네 무아 드 본 쁠라쓰, 씰 부 쁠레.]

26 휴식 시간 🕐

entracte
[엉트학뜨]

· 휴식 시간이 언제예요?

Quand est-ce qu'est l'entracte ?
[껑 떼 쓰 께 렁트학뜨?]

· 휴식 시간 있어요?

Est-ce qu'il y a une entracte ?
[에쓰 낄 야 윈 엉트학뜨?]

· 휴식 시간이 몇 분이에요?

Combien de temps dure l'entracte ?
[꽁비앙 드 떵 뒤흐 렁트학뜨?]

· 휴식 시간 언제 끝나요?

Quand est-ce que finit l'entracte ?
[껑 떼 쓰 끄 피니 렁트학뜨?]

27 자막 .Smi

sous-titres
[쑤띠트흐]

· 자막 있어요?

Avez-vous des sous-titres ?
[아베 부 데 쑤띠트흐?]

· 한국어 자막 있어요?

Avez-vous des sous-titres en coréen ?
[아베부데쑤띠트흐엉꼬헤앙?]

· 영어 자막 나와요?

Avez-vous des sous-titres en anglais ?
[아베부데쑤띠트흐어넝글레?]

28 주연 배우

acteur principal
[악뙤흐 프항씨빨]

· 주연 배우가 누구예요?

Qui est l'acteur principal ?
[끼 에 락뙤흐 프항씨빨?]

· 주연 배우를 만날 수 있어요?

Est-ce que je peux rencontrer l'acteur principal ?
[에쓰끄쥬뿌헝꽁트헤락뙤흐 프항씨빨?]

· 주연 배우가 유명해요?

L'acteur principal est-il connu ?
[락뙤흐 프항씨빨 에띨 꼬뉘?]

29 무대 뒤

coulisses
[꿀리쓰]

· 무대 뒤에 가볼 수 있나요?

Est-ce que je peux aller dans les coulisses ?
[에 쓰 끄 쥬 뿌 알레 당 레 꿀리쓰?]

· 오늘은 백스테이지에 들어가실 수 없습니다.

Vous ne pouvez pas aller dans les coulisses aujourd'hui.
[부느부베빠 알레당레꿀리쓰오쥬흐뒤.]

관광

호텔 **144p**   식당 **174p**   관광 **212p**   쇼핑 **236p**   귀국 **258p**   229

· 백스테이지에서 배우들과 사진을 찍을 수 있습니다.

Vous pouvez prendre des photos dans les coulisses avec les acteurs.
[부 뿌베 프헝드흐 데 포또 덩 레 꿀리쓰 아벡 레 작뙤흐.]

30 금지 🚫

interdiction
[앙떼흐딕씨옹]

· 촬영 금지

Photos interdites.
[포또 앙떼흐디뜨.]

· 플래시 금지

Flash interdit.
[플라쉬 앙떼흐디.]

· 진입 금지

Entrée interdite.
[엉트헤 앙떼흐디뜨.]

· 반려동물 금지

Animaux interdits.
[아니모 앙떼흐디.]

· 비디오 촬영 금지

Vidéos interdites.
[비데오 앙떼흐디뜨.]

31 화장실 🚹🚺

toilettes
[뚜알레뜨]

· 화장실 어디 있어요?

Où sont les toilettes ?
[우 쏭 레 뚜알레뜨?]

· 화장실 밖으로 나가야 되나요?

Les toilettes sont-elles à l'extérieur ?
[레 뚜알레뜨 쏭 뗄 아 렉스떼히외흐?]

· 화장실 머나요?

Les toilettes sont-elles loin ?
[레 뚜알레뜨 쏭 뗄 루앙?]

· 공연장 안에는 화장실 없어요?

Est-ce qu'il y a des toilettes à l'intérieur de la salle de spectacle ?
[에쓰 낄 야 데 뚜알레뜨 아 랑떼히외흐 들라 쌀 드 스뻭따끌르?]

맛있는 프랑스

4. 프랑스 물 Eaux

프랑스에서는 수돗물을 식수로 사용한다. 건강에 해롭지는 않지만, 석회가 함유되어 있어 수돗물을 마시고 간혹 배앓이를 하는 경우도 있다. 프랑스 식당에서 무료로 제공되는 물은 모두 수돗물이기 때문에, 우리의 생수를 마시려면 다음과 같은 상표를 숙지하고 직접 주문하면 된다. 생수는 에비앙(Evian), 볼빅(Volvic), 크리스탈린(Cristaline)이 유명하고, 탄산수로는 페리에(Perrier), 바두아(Badoit)가 대표적이다. 만약, 유료인 생수 대신 무료로 제공되는 식수를 마시고자 한다면, « Une carafe d'eau, s'il vous plaît. [윈 까하프 도 씰 부 쁠레]»라고 말하면 된다.

활용해보세요!

· 수돗물 주세요.

Une carafe d'eau, s'il vous plaît.
[윈 까하프 도 씰 부 쁠레.]

· 생수 한 병 주세요.

Je voudrais une bouteille d'eau minérale, s'il vous plaît.
[쥬 부드헤 윈 부떼이 도 미네할, 씰 부 쁠레.]

· 탄산수 한 병 주세요.

Je voudrais une bouteille d'eau gazeuse, s'il vous plaît.
[쥬 부드헤 윈 부떼이 도 가즈즈, 씰 부 쁠레.]

· 에비앙 한 병 주세요.

Je voudrais une bouteille d'Evian, s'il vous plaît.
[쥬 부드헤 윈 부떼이 데비앙, 씰 부 쁠레.]

위급상황 필요한 단어

01 **잃어버렸어요** — **perdu** [뻬흐뒤]

02 **찾다** — **trouvé** [트후베]

03 **공중전화** — **cabine téléphonique** [까빈 뗄레포니끄]

04 **조용히 해주세요** — **silence.** [씰렁쓰]

빨리찾아 말하면 OK!

· 티켓 잃어버렸어요.
J'ai perdu mon billet.
[졔 뻬흐뒤 몽 비에.]

· 가방 잃어버렸어요.
J'ai perdu mon sac.
[졔 뻬흐뒤 몽 싹.]

· 제 휴대폰 잃어버렸어요.
J'ai perdu mon téléphone portable.
[졔 뻬흐뒤 몽 뗄레폰 뽁따블르.]

· 제 친구 잃어버렸어요.
J'ai perdu mon ami.
[졔 뻬흐뒤 모 나미.]

· 제 가이드를 잃어버렸어요.
J'ai perdu mon guide.
[졔 뻬흐뒤 몽 기드.]

· 분실물 센터가 어디예요?
Où se trouve le centre des objets retrouvés ?
[우 쓰 트후브 르 썽트흐 데 조브제 흐드후베?]

· 제 티켓 찾아야 해요.
Je dois trouver mon billet.
[쥬 두아 트후베 몽 비에.]

· 제 자리 찾아야 해요.
Je dois trouver mon siège.
[쥬 두아 트후베 몽 씨에쥬.]

· 제 친구 찾아야 해요.
Je dois trouver mon ami.
[쥬 두아 트후베 모 나미.]

· 제 가이드 찾아야 해요.
Je dois trouver mon guide.
[쥬 두아 트후베 몽 기드.]

· 제 버스 찾아야 해요.
Je dois trouver mon bus.
[쥬 두아 트후베 몽 뷔스.]

· 공중전화 어디 있어요?
Où est la cabine téléphonique ?
[우 에 라 까빈 뗄레포니끄?]

· 전화 좀 쓸 수 있어요?
Est-ce que je peux passer un appel, s'il vous plaît ?
[에 쓰 끄 쥬 뿌 빠쎄 아 나뻴, 씰 부 쁠레?]

· 조용히 좀 해줘요.
Silence, s'il vous plaît.
[씰렁쓰, 씰 부 쁠레.]

관광

호텔 144p   식당 174p   관광 212p   쇼핑 236p   귀국 258p   233

실제상황 여행 프랑스어

> C'est mon tour.
> Faites la queue, s'il vous plaît.

내 차례입니다. 줄 서세요.

> Je suis désolé.

죄송합니다.

자신 있게 외쳐라~
Parlez avec assurance !

티켓 한 장 주세요.

Un billet, s'il vous plaît.
[앙 비에, 씰 부 쁠레.]

티켓 두 장 주세요.

Deux billets, s'il vous plaît.
[두 비에, 씰 부 쁠레.]

브로셔 하나 주세요.

Donnez-moi une brochure, s'il vous plaît.
[도네 무아 윈 브호슈흐 씰 부 쁠레.]

관광

PART 09

쇼핑할 때

쇼핑할 때

많은 단어를 알 필요 없다
왜? 말할 게 뻔하니까!

01	청바지	**jeans** [진]
02	후드	**sweat** [스위트]
03	셔츠	**chemise** [슈미즈]
04	치마	**jupe** [쥐쁘]
05	입어볼게요/신어볼게요	**essayer** [에쎄이에]
06	피팅룸	**cabine d'essayage** [꺄빈 데쎄이아쥬]
07	사이즈	**taille** [따이으]
08	전통적인	**traditionnel** [트하디씨오넬]
09	지역	**local** [로꺌]
10	포장	**emballage cadeau** [엉발라쥬 꺄도]
11	추천	**recommandation** [흐꼬멍다씨옹]
12	선물	**cadeau** [꺄도]

쇼핑

빨리찾아 읽으세요

01 청바지

jeans
[진]

· 청바지 보려고요.
Je cherche des jeans.
[쥬 셰슈 데 진.]

· 스키니진 있어요?
Vous avez des jeans skinny ?
[부 자베 데 진 스끼니?]

· 일자 청바지 있어요?
Vous avez des jeans coupe droite ?
[부 자베 데 진 꾸쁘 드후아뜨?]

· 트레이닝 바지 있어요?
Vous avez des pantalons de survête-ment ?
[부 자베 데 빵딸롱 드 쒸흐베뜨멍?]

· 반바지 있어요?
Vous avez des shorts ?
[부 자베 데 숔뜨?]

02 후드

sweat
[스위트]

· 후드 티 종류 보려고요.
Je cherche des sweats.
[쥬 셰슈 데 스위트.]

· 후드 티 어디 있어요?
Où sont les sweats ?
[우 쏭 레 스위트?]

· 트레이닝 상의 있어요?
Vous avez des vestes de survêtement ?
[부 자베 데 베스뜨 드 쒸흐베뜨멍?]

03 셔츠

chemise
[슈미즈]

· 셔츠 보려고요.	**Je cherche des chemises.** [쥬 셕슈 데 슈미즈]
· 줄무늬 셔츠 볼게요.	**Je cherche des chemises à rayures.** [쥬 셕슈 데 슈미즈 아 헤이위흐.]
· 땡땡이 셔츠 볼게요.	**Je cherche des chemises à pois.** [쥬 셕슈 데 슈미즈 아 뿌아.]
· 반팔 셔츠 볼게요.	**Je cherche des chemises à manches courtes.** [쥬 셕슈 데 슈미즈 아 멍슈 꾸흐뜨.]
· 남자 셔츠예요?	**Est-ce pour les hommes ?** [에 쓰 뿌흐 레 좀므?]
· 여자 셔츠예요?	**Est-ce pour les femmes ?** [에 쓰 뿌흐 레 팜므?]
· 이것보다 긴 셔츠 있어요?	**Vous en avez des plus longues ?** [부 정 아베 데 쁠뤼 롱그?]
· 넥타이도 볼 거예요.	**Je cherche aussi des cravates.** [쥬 셕슈 오씨 데 크하바뜨.]

04 치마

jupe
[쥐쁘]

· 치마 보려고요.	**Je cherche des jupes.** [쥬 셕슈 데 쥐쁘.]

쇼핑

· 긴 치마 있어요?

Vous avez des longues jupes ?
[부 자베 데 롱그 쥐쁘?]

· 짧은 치마 있어요?

Vous avez des mini-jupes ?
[부 자베 데 미니 쥐쁘?]

· 타이트한 치마 있어요?

Vous avez des jupes serrées ?
[부 자베 데 쥐쁘 쎄헤?]

· 드레스 있어요?

Vous avez des robes ?
[부 자베 데 호브?]

05 입어볼게요/ 신어볼게요

essayer
[에쎄이에]

· 이거 입어볼게요.

Je voudrais essayer ça.
[쥬 부드헤 에쎄이에 싸.]

· 이거 신어볼게요.

Je voudrais essayer ça.
[쥬 부드헤 에쎄이에 싸.]

· 다른 거 입어볼게요.

Je voudrais en essayer un autre.
[쥬 부드헤 어 네쎄이에 아 노트흐.]

· 다른 사이즈 입어볼게요.

Je voudrais essayer une autre taille.
[쥬 부드헤 에쎄이에 위 노트흐 따이으.]

· 다른 색상 입어볼게요.

Je voudrais essayer une autre couleur.
[쥬 부드헤 에쎄이에 위 노트흐 꿀뢰흐.]

· 다른 사이즈 신어볼게요.

Je voudrais essayer une autre taille.
[쥬 부드헤 에쎄이에 위 노트흐 따이으.]

· 다른 색상 신어볼게요.

Je voudrais essayer une autre couleur.
[쥬 부드헤 에쎄이에 위 노트흐 꿀뢰흐.]

06 피팅룸 🚪

cabine d'essayage
[까빈 데쎄이아쥬]

· 피팅룸 어디예요?
Où est la cabine d'essayage, s'il vous plaît ?
[우 에 라 까빈 데쎄이아쥬, 씰 부 쁠레?]

· 피팅룸 못 찾겠어요.
Je ne trouve pas la cabine d'essayage.
[쥬 느 트후브 빠 라 까빈 데쎄이아쥬.]

· 몇 개 입어볼 수 있어요?
Je peux en essayer combien ?
[쥬 뿌 어 네쎄이에 꽁비앙?]

· 이건 안 입어 봤어요.
Je n'ai pas essayé ça.
[쥬 네 빠 에쎄이에 싸.]

· 이걸로 할게요.
Je vais prendre ça.
[쥬 베 프헝드흐 싸.]

07 사이즈 🐃

taille
[따이]

· 사이즈가 어떻게 되세요?
Quelle taille portez-vous ?
[껠 따이으 뽁떼 부?]

· 커요.
C'est trop grand.
[쎄 트호 그헝.]

· 작아요.
C'est trop petit.
[쎄 트호 쁘띠.]

· 더 큰 걸로 주세요.
Je voudrais une plus grande taille.
[쥬 부드헤 윈 쁠뤼 그헝드 따이으.]

· 더 작은 걸로 주세요.
Je voudrais une plus petite taille.
[쥬 부드헤 윈 쁠뤼 쁘띠뜨 따이으.]

쇼핑

08 전통적인

traditionnel
[트하디씨오넬]

· 전통적인 물건 있어요?

Est-ce que vous avez quelque chose de traditionnel ?
[에 쓰 끄 부 자베 껠끄 쇼즈 드 트하디씨오넬?]

· 전통적인 음식 있어요?

Vous avez quelque chose de traditionnel à manger ?
[부 자베 껠끄 쇼즈 드 트하디씨오넬 아 멍제?]

· 여기서 선물하기 좋은 게 뭐예요?

À votre avis, lequel est mieux pour offrir ?
[아 보트흐 아비, 르껠 에 미우 뿌흐 오프히흐?]

09 지역

local
[로꺌]

· 이 지역에서 유명한 게 뭐예요?

Quel est le produit local le plus connu ici ?
[껠 레 르 프호뒤 로꺌 르 쁠뤼 꼬뉘 이씨?]

· 지역 특산품 있어요?

Vous avez des produits locaux connus ?
[부 자베 데 프호뒤 로꼬 꼬뉘?]

· 이 지역에서 선물하기 좋은 게 뭐예요?

À votre avis, quel produit local est mieux pour offrir ?
[아 보트흐 아비, 껠 프호뒤 로꺌 에 미우 뿌흐 오 프히흐?]

10 포장

emballage
[엉발라쥬]

· 포장해 주세요.

Emballez, s'il vous plaît.
[엉발레, 씰 부 쁠레.]

· 포장은 이거 하나만 해주세요.

Emballez seulement celui-là, s'il vous plaît.
[엉발레 쐴르멍 쓸뤼 라, 씰 부 쁠레.]

· 포장하는 데 돈 들어요?

Est-ce que le papier cadeau est payant ?
[에 쓰 끄 르 빠삐에 까도 에 뻬이엉?]

· 너무 비싸요.

C'est trop cher.
[쎄 트호 셰흐.]

· 그냥 내가 집에서 포장할
게요.

Je vais l'emballer moi-même à la maison.
[쥬 베 렁발레 무아 멤 알라 메종.]

11 추천 👍

recommandation
[흐꼬멍다씨옹]

· 추천할 만한 옷 있어요?

**Pouvez-vous me recommander des
vêtements ?**
[뿌베 부 므 흐꼬멍데 데 베뜨멍?]

· 추천할 만한 선물 있어요?

**Je voudrais offrir un cadeau. Que me
conseillez-vous ?**
[쥬 부드헤 오프히흐 앙 까도. 끄 므 꽁쎄이에 부?]

· 부모님 선물 추천해 주세요.

**Pouvez-vous me recommander un
cadeau pour mes parents, s'il vous plaît ?**
[뿌베 부 므 흐꼬멍데 앙 까도 뿌흐 메 빠헝,
씰 부 쁠레?]

· 남자 친구 선물 추천해 주
세요.

**Pouvez-vous me recommander un
cadeau pour mon copain, s'il vous plaît ?**
[뿌베 부 므 흐꼬멍데 앙 까도 뿌흐 몽 꼬빵,
씰 부 쁠레?]

· 여자 친구 선물 추천해 주
세요.

**Pouvez-vous me recommander un
cadeau pour ma copine, s'il vous plaît ?**
[뿌베 부 므 흐꼬멍데 앙 까도 뿌흐 마 꼬삔,
씰 부 쁠레?]

· 이 옷이랑 어울릴 만한 걸
로 추천 좀 해주세요.

**Pouvez-vous me conseiller quelque
chose qui irait bien avec ce vêtement,
s'il vous plaît ?**
[뿌베 부 므 꽁쎄이에 껠끄 쇼즈 끼 이헤 비앙
아벡 쓰 베뜨멍, 씰 부 쁠레?]

쇼핑

12 선물

cadeau
[까도]

· 선물로 주려고요.
Ce sera pour offrir, s'il vous plaît.
[쓰 쓰하 뿌흐 오프히흐, 씰 부 쁠레.]

· 선물 포장해 주세요.
Pouvez-vous faire un emballage cadeau pour celui-là, s'il vous plaît ?
[뿌베 부 페흐 아 낭발라쥬 까도 뿌흐 쓰뤼 라, 씰 부 쁠레?]

· 선물로 뭐가 좋은가요?
Qu'est-ce qui est bien pour offrir ?
[께 쓰 끼 에 비앙 뿌흐 오프히흐?]

· 이거 선물로 어때요?
Que pensez-vous de ça comme cadeau ?
[끄 빵쎄 부 드 싸 꼼 까도?]

13 지불

régler
[헤글레]

· 지불은 어떻게 하시겠어요?
Comment réglerez-vous ?
[꼬멍 헤글레헤 부?]

· 신용카드 되나요?
Acceptez-vous les cartes de crédit ?
[악쎕떼 부 레 꺅뜨 드 크헤디?]

· 현금으로 할게요.
Je vais régler en espèces.
[쥬 베 헤글레 어 네스뻬쓰.]

· 여행자 수표 되나요?
Acceptez-vous les chèques de voyage ?
[악쎕떼 부 레 셰끄 드 봐야쥬?]

14 할인

réduction
[헤뒥씨옹]

· 할인 쿠폰 있어요.
J'ai une réduction.
[제 윈헤뒥씨옹.]

· 할인되나요?

Est-ce que je peux avoir une réduction, s'il vous plaît ?
[에 쓰 끄 쥬 뿌 아부아흐 윈 헤뒤씨옹, 씰 부 쁠레?]

15 세일 🏷️SALE

promotion
[프호모씨옹]

· 이거 세일해요?

C'est en promotion ?
[쎄 떵 프호모씨옹?]

· 이거 세일 금액이에요?

Est-ce le prix réduit ?
[에 쓰 르 프히 헤뒤?]

· 이건 세일 품목이 아닙니다.

Celui-là n'est pas en promotion.
[쓰뤼 라 네 빠 정 프호모씨옹.]

16 영수증 📋

ticket
[띠께]

· 영수증 드릴까요?

Vous voulez le ticket ?
[부 불레 르 띠께?]

· 영수증 주세요.

Je voudrais le ticket, s'il vous plaît.
[쥬 부드헤 르 띠께 씰 부 쁠레.]

· 영수증 안 주셨어요.

Vous ne m'avez pas donné le ticket.
[부 느 마베 빠 도네 르 띠께.]

· 영수증 필요해요.

J'ai besoin du ticket.
[제 브주앙 뒤 띠께.]

17 둘러보다 ◖☺◗

faire un tour
[페흐 앙 뚜흐]

· 그냥 보는 거예요, 감사합니다.

Je regarde juste, merci.
[쥬 흐갸흐드 쥐스뜨, 멕씨.]

쇼핑

· 한 번 둘러보려고요, 감사
합니다.

Je fais juste un tour, merci.
[쥬 페 쥐스뜨 앙 뚜흐, 멕씨.]

· 도움이 필요하면 부를게요,
감사합니다.

Je vous appellerais si j'ai besoin,
merci.
[쥬 부 자뻴르헤 씨 제 브주앙, 멕씨.]

18 이거 있어요? 🖎 vous avez ça ?
[부 자베 싸?]

· 다른 거 있어요?

Vous en avez un autre ?
[부 저 나베 아 노트흐?]

· 색깔 다른 거 있어요?

Vous avez une autre couleur ?
[부 자베 위 노트흐 꿀뢰흐?]

· 큰 거 있어요?

Vous l'avez en plus grand ?
[부 라베 엉 쁠뤼 그헝?]

· 작은 거 있어요?

Vous l'avez en plus petit ?
[부 라베 엉 쁠뤼 쁘띠?]

· 진열 안되어 있던 거 있어요?

Est-ce que vous en avez un autre que
le modèle d'exposition ?
[에 쓰 끄 부 저 나베 아 노트흐 끄 르 모델 덱
스뽀지씨옹?]

19 향수 🫙 parfum
[빠팡]

· 향수 보려고요.

Je voudrais voir quelques parfums,
s'il vous plaît.
[쥬 부드헤 부아흐 껠끄 빠팡, 씰 부 쁠레.]

· 이거 시향해 볼게요.

Je voudrais essayer celui-là.
[쥬 부드헤 에쎄이에 쓸뤼 라.]

· 달콤한 향 있어요?

Vous avez des parfums sucrés ?
[부 자베 데 빠팡 쒸크헤?]

· 상큼한 향 있어요?

Vous avez des parfums fruités ?
[부 자베 데 빠팡 프휘떼?]

· 꽃 향 있어요?

Vous avez des parfums floraux ?
[부 자베 데 빠팡 플로호?]

· 무거운 향 있어요?

Vous avez des parfums lourds ?
[부 자베 데 빠팡 루흐?]

· 가벼운 향 있어요?

Vous avez des parfums légers ?
[부 자베 데 빠팡 레제흐?]

20 화장품 📱🔋

cosmétique
[꼬스메띠끄]

· 화장품 보려고요.

Je voudrais voir quelques cosmétiques, s'il vous plaît.
[쥬 부드헤 부아흐 껠끄 꼬스메띠끄, 씰 부 쁠레.]

· 화장품 코너 어디예요?

Où sont les cosmétiques, s'il vous plaît ?
[우 쏭 레 꼬스메띠끄, 씰 부 쁠레?]

· 크림 보여주세요.

Pouvez-vous me montrer quelques crèmes, s'il vous plaît ?
[뿌베 부 므 몽트헤 껠끄 크헴, 씰 부 쁠레?]

· 립스틱 보여주세요.

Pouvez-vous me montrer quelques rouges à lèvres, s'il vous plaît ?
[뿌베 부 므 몽트헤 껠끄 후쥬 아 레브흐, 씰 부 쁠레?]

· 파운데이션 보여주세요.

Pouvez-vous me montrer quelques fonds de teint, s'il vous plaît ?
[뿌베 부 므 몽트헤 껠끄 퐁 드 땅, 씰 부 쁠레?]

· 마스카라 보여주세요.

Pouvez-vous me montrer quelques mascaras, s'il vous plaît ?
[뿌베 부 므 몽트헤 껠끄 마스까하, 씰 부 쁠레?]

쇼핑

21 시계 🕐

montre
[몽트흐]

· 손목시계 보려고요.

Je voudrais voir quelques montres, s'il vous plaît.
[쥬 부드헤 부아흐 껠끄 몽트흐, 씰 부 쁠레.]

· 남성용으로요.

Est-ce que je peux voir vos montres pour hommes, s'il vous plaît ?
[에 쓰 끄 쥬 뿌 부아흐 보 몽트흐 뿌흐 옴므, 씰 부 쁠레?]

· 여성용으로요.

Est-ce que je peux voir vos montres pour femmes, s'il vous plaît ?
[에 쓰 끄 쥬 뿌 부아흐 보 몽트흐 뿌흐 팜므, 씰 부 쁠레?]

· 어린이용으로요.

Est-ce que je peux voir vos montres pour enfants, s'il vous plaît ?
[에 쓰 끄 쥬 뿌 부아흐 보 몽트흐 뿌흐 엉펑, 씰 부 쁠레?]

22 가방 🎒

sac
[싹]

· 가방 보려고요.

Je voudrais voir quelques sacs, s'il vous plaît.
[쥬 부드헤 부아흐 껠끄 싹, 씰 부 쁠레.]

· 숄더백 보여주세요.

Montrez-moi vos sacs en bandoulière, s'il vous plaît.
[몽트헤 무아 보 싸 껑 벙둘리에흐, 씰 부 쁠레.]

· 토트백 보여주세요.

Montrez-moi vos sacs à main, s'il vous plaît.
[몽트헤 무아 보 싹 아 망, 씰 부 쁠레.]

· 지갑 보여주세요.

Montrez-moi vos portefeuilles, s'il vous plaît.
[몽트헤 무아 보 뽁뜨푀이으, 씰 부 쁠레.]

· 남자 지갑 보여주세요.

Montrez-moi vos portefeuilles homme, s'il vous plaît.
[몽트헤 무아 보 뽁뜨푀이으 옴므, 씰 부 쁠레.]

· 여자 지갑 보여주세요.

Montrez-moi vos portefeuilles femme, s'il vous plaît.
[몽트헤 무아 보 뽁뜨푀이으 팜므, 씰 부 쁠레.]

23 주류 🍷

alcool
[알꼴]

· 술은 어디서 사요?

Où est-ce que je peux acheter de l'alcool ?
[우 에 쓰 끄 쥬 뿌 아슈떼 드 랄꼴?]

· 위스키 보여주세요.

Montrez-moi vos whiskys, s'il vous plaît.
[몽트헤 무아 보 위스끼, 씰 부 쁠레.]

· 발렌타인 보여주세요.

Je cherche du Valentine, s'il vous plaît.
[쥬 셰슈 뒤 발렌타인, 씰 부 쁠레.]

· 잭다니엘 보여주세요.

Je cherche du Jack Daniel, s'il vous plaît.
[쥬 셰슈 뒤 잭 다니얼, 씰 부 쁠레.]

· 와인 보여주세요.

Montrez-moi vos vins, s'il vous plaît.
[몽트헤 무아 보 방, 씰 부 쁠레.]

· 제가 몇 병 살 수 있어요?

Combien de bouteilles je peux acheter ?
[꽁비앙 드 부떼이으 쥬 뿌 아슈떼?]

24 깨지기 쉬운 🍷

fragile
[프하질]

· 이거 깨지기 쉬워요.

C'est fragile.
[쎄 프하질.]

· 조심하셔야 해요.

Faites attention.
[페뜨 아떵씨옹.]

· 잘 포장해 주세요.

Emballez bien, s'il vous plaît.
[엉발레 비앙 씰 부 쁠레.]

쇼핑

위급상황 필요한 단어

01 **돈 냈어요!** J'ai payé !
[제 뻬이에!]

02 **교환하다** échanger
[에성제]

03 **환불** remboursement
[헝북쓰멍]

04 **이미** déjà
[데쟈]

05 **너무 작은** trop petit
[트호 쁘띠]

06 **너무 큰** trop grand
[트호 그헝]

07 **안 맞아요** Ça ne me va pas
[싸 느 므 바 빠.]

빨리찾아 말하면 OK!

· 이미 돈 냈어요!
J'ai payé !
[제 뻬이에!]

· 공평하지 않네요.
Ce n'est pas juste.
[쓰 네 빠 쥐스뜨.]

· 내 잘못이 아니에요.
Ce n'est pas ma faute.
[쓰 네 빠 마 포뜨.]

· 확인해 보셨어요?
Vous avez déjà vérifié ?
[부 자베 데쟈 베히피에?]

· 경찰을 불러줘요.
Appelez la police, s'il vous plaît.
[아쁠레 라 뽈리쓰, 씰 부 쁠레.]

· 대사관에 전화하겠어요.
Je voudrais appeler l'ambassade.
[쥬 부드헤 아쁠레 렁바싸드.]

· 통역사를 불러주세요.
Appelez un interprète, s'il vous plaît.
[아쁠레 아 낭떼흐프헤뜨, 씰 부 쁠레.]

· 교환하고 싶어요.
Je voudrais échanger ça.
[쥬 부드헤 에성졔 싸.]

· 영수증 있으세요?
Avez-vous le ticket ?
[아베 부 르 띠께?]

· 왜 교환하시려고요?
Pourquoi voulez-vous échanger ?
[뿌꾸아 불레 부 에성졔?]

· 어떤 걸로 교환하시겠어요?
Avec quoi voudriez-vous l'échanger ?
[아벡 쿠아 부드히에 부 레성졔?]

· 다른 상품을 주셨더라구요.
Vous m'avez donné un autre produit.
[부 마베 도네 아 노트흐 프호뒤.]

쇼핑

· 고장났어요.
Ça ne fonctionne pas.
[싸 느 퐁씨온 빠.]

· 흠이 있어요.
Il est défectueux.
[일레 데펙뛰우.]

· 마음에 안 들어요.
Je n'aime pas.
[쥬 넴 빠.]

· 사이즈 때문에요.
À cause de la taille.
[아 꼬즈 들라 따이으.]

· 색상 때문에요.
À cause de la couleur.
[아 꼬즈 들라 꿀뢰흐.]

· 디자인 때문에요.
À cause du modèle.
[아 꼬즈 뒤 모델.]

· 이거 환불하고 싶어요.
Je voudrais rembourser ça.
[쥬 부드헤 헝북쎄 싸.]

· 왜 환불하시려고 하세요?
Qu'est-ce qui ne va pas ?
[께 쓰 끼 느 바 빠?]

· 결제하셨던 카드 있으세요?
Avez-vous votre carte de crédit avec laquelle vous avez payé ?
[아베 부 보트흐 꺅뜨 드 크헤디 아벡 라껠 부 자베 뻬이에?]

· 이미 포장을 뜯긴 했어요.
J'ai déjà ouvert l'emballage.
[제 데쟈 우베흐 렁발라쥬.]

· 이미 가격표를 뜯긴 했어요.
J'ai enlevé l'étiquette.
[제 엉르베 레띠께뜨.]

· 근데 안 썼어요.
Mais je ne l'ai pas utilisé.
[메 쥬 느 레 빠 위띨리제.]

· 다시 한번 확인하세요.
Réessayez, s'il vous plaît.
[헤에쎄이에, 씰 부 쁠레.]

· 너무 작아요.
C'est trop petit.
[쎄 트호 쁘띠.]

· 작은 걸로 바꿔 주세요. **Je voudrais un plus petit.**
[쥬 부드헤 앙 쁠뤼 쁘띠.]

· 너무 커요. **C'est trop grand.**
[쎄 트호 그헝.]

· 큰 걸로 바꿔 주세요. **Je voudrais un plus grand.**
[쥬 부드헤 앙 쁠뤼 그헝.]

· 이거 안 맞아요. **Ça ne me va pas.**
[싸 느 므 바 빠.]

· 다른 걸로 주세요. **J'en voudrais un autre, s'il vous plaît.**
[졍 부드헤 아 노트흐, 씰 부 쁠레.]

· 이제 교환 안 돼요. **Vous ne pouvez pas échanger.**
[부 느 뿌베 빠 에셩제.]

쇼핑

실제상황

여행 프랑스어

자신 있게 외쳐라~
Parlez avec assurance !

너무 작아요.

C'est trop petit.
[쎄 트호 쁘띠.]

너무 껴요.

C'est trop serré.
[쎄 트호 쎄헤.]

다른 사이즈 있어요?

Vous avez une autre taille ?
[부 자베 위 노트흐 따이으?]

쇼핑

PART 10
귀국할 때

귀국할 때

많은 단어를 알 필요 없다
왜? 말할 게 뻔하니까!

01 반납하다
rendre
[헝드흐]

02 확인하다
confirmer
[꽁피흐메]

03 변경하다
changer
[셩졔]

04 제한
limite
[리미뜨]

05 연착
retard
[흐따흐]

06 요청하다
demander
[드멍데]

07 환승
correspondance
[꼬헤스뽕덩쓰]

빨리찾아 말하면 OK!

01 반납하다

rendre
[헝드흐]

· 휴대폰 반납하려고요.
Je voudrais rendre le téléphone portable.
[쥬 부드헤 헝드흐 르 뗄레폰 뽁따블르.]

· 렌트카 반납하려고요.
Je voudrais rendre la voiture.
[쥬 부드헤 헝드흐 라 부아뛰흐.]

02 확인하다

confirmer
[꽁피흐메]

· 제 비행기 확인하려고요.
Je voudrais confirmer mon vol.
[쥬 부드헤 꽁피흐메 몽 볼.]

· 제 티켓 확인하려고요.
Je voudrais confirmer mon billet.
[쥬 부드헤 꽁피흐메 몽 비에.]

· 제 자리 확인하려고요.
Je voudrais confirmer mon siège.
[쥬 부드헤 꽁피흐메 몽 씨에쥬.]

03 변경하다

changer
[성제]

· 제 비행기 변경하려고요.
Je voudrais changer mon vol.
[쥬 부드헤 성제 몽 볼.]

· 제 티켓 변경하려고요.
Je voudrais changer mon billet.
[쥬 부드헤 성제 몽 비에.]

귀국

· 제 자리 변경하려고요.　Je voudrais changer mon siège.
[쥬 부드헤 셩제 몽 씨에쥬.]

04 제한

limite
[리미뜨]

· 중량 제한이 얼마예요?　**Quelle est la limite de poids ?**
[껠 레 라 리미뜨 드 푸아?]

· 기내 중량 제한은요?　**Quelle est la limite de poids pour les bagages en cabine ?**
[껠 레 라 리미뜨 드 푸아 뿌흐 레 바갸쥬 엉 꺄빈?]

05 연착

retard
[흐따흐]

· 비행기가 연착되었습니다.　**Le vol a été retardé.**
[르 볼 아 에떼 흐따흐데.]

· 얼마나 기다려요?　**Combien de temps doit-on attendre ?**
[꽁비앙 드 떵 두아 똥 아떵드흐?]

· 다른 비행기로 바꿀 수 있어요?　**Est-ce que je peux changer mon vol ?**
[에 쓰 끄 쥬 뿌 셩제 몽 볼?]

06 요청하다

demander
[드멍데]

· 기내식을 채식으로 요청하려고요.　**Je voudrais un repas végétarien.**
[쥬 부드헤 앙 흐빠 베제따히앙.]

· 어린이 기내식 요청하려
  고요.

Je voudrais un menu enfant.
[쥬 부드헤 앙 므뉘 엉펑.]

· 미리 요청은 안 했어요.

Je n'ai pas demandé ça en avance.
[쥬 네 빠 드멍데 싸 어 나벙쓰.]

· 지금 요청이 불가능해요?

**Est-ce impossible de demander main-
tenant ?**
[에 쓰 앙뽀씨블 드 드멍데 망뜨넝?]

· 좀 해줘요.

Faites-moi une faveur, s'il vous plaît.
[페또 무아 윈파뵈흐 씰 부 쁠레.]

07 환승

escale
[에스꺌]

· 저 환승 승객인데요.

Je suis un passager en escale.
[쥬 쒸 앙 빠싸졔 어 네스꺌.]

· 환승 라운지 어디예요?

**Où se trouve le comptoir pour les
escales ?**
[우 쓰 트후브 르 꽁뚜아흐 뿌흐 레 제스꺌?]

· 경유해서 인천으로 가요.

**Je suis un passager en escale pour
Incheon.**
[쥬 쒸 장 빠싸졔 어 네스꺌 뿌흐 인천.]

TIP 환승을 뜻하는 동의어로는 correspondance[꼬헤스뽕덩쓰]

위급상황

01	잃어버렸어요	**perdu** [뻬흐뒤]
02	놓쳤어요	**raté** [하떼]
03	다음 비행 편	**prochain vol** [프호샹 볼]

빨리찾아 말하면 OK!

· 제 항공권을 잃어버렸어요.　　J'ai perdu ma carte d'embarquement.
　　　　　　　　　　　　　　　　[제 뻬흐뒤 마 꺄흐뜨 덩박끄멍.]

· 제 여권을 잃어버렸어요.　　　J'ai perdu mon passeport.
　　　　　　　　　　　　　　　　[제 뻬흐뒤 몽 빠쓰뽀흐.]

· 제 수하물 표를 잃어버렸　　　J'ai perdu l'étiquette de mon bagage.
　어요.　　　　　　　　　　　　　[제 뻬흐뒤 레띠께뜨 드 몽 바갸쥬.]

· 제 비행기를 놓쳤어요.　　　　J'ai raté mon vol.
　　　　　　　　　　　　　　　　[제 하떼 몽 볼.]

· 비행기를 놓쳤는데, 누구한　　J'ai raté mon vol, à qui dois-je
　테 물어봐요?　　　　　　　　 m'adresser ?
　　　　　　　　　　　　　　　　[제 하떼 몽 볼, 아 끼 두아 쥬 마드헤쎄?]

· 다음 비행 편은 언제예요?　　 Quand est le prochain vol ?
　　　　　　　　　　　　　　　　[껑 떼 르 프호샹 볼?]

· 전 어떡하나요?　　　　　　　 Que dois-je faire ?
　　　　　　　　　　　　　　　　[끄 두아 쥬 페흐?]

· 다른 항공사도 상관없어요.　　Une autre compagnie aérienne
　　　　　　　　　　　　　　　　me va.
　　　　　　　　　　　　　　　　[위 노트흐 꽁빠니 아에히엔느 므 바.]

· 얼마나 추가 요금이 붙는　　　De combien est le coût supplémentaire ?
　데요?　　　　　　　　　　　　[드 꽁비앙 에 르 꾸 쒸쁠레멍떼흐?]

실제상황 여행 프랑스어

 자신 있게 외쳐라~
Parlez avec assurance !

 ~창구가 어디 있나요?
Où est le comptoir de~ ?
[우 에 르 꽁뚜아흐 드~?]

 시간이 없어요.
Je n'ai pas le temps.
[쥬 네 빠 르 떵.]

귀국

떠나자 프랑스로!!

프랑스 여행이 즐거워지는 필수 정보

✈ 프랑스

Part 1. 프랑스 바로 알고 가기

1. 수도 : Paris 파리

2. 화폐 : euro 유로

3. 주 프랑스 대사관 주소 및 연락처
-주소: 125 rue de Grenelle 75007 Paris, France OR(Ⓜ13 Varenne역)
-연락처: +33-(0)1-4720-8415 / +33-(0)1-4720-8386

4. 긴급 전화
긴급 의료 서비스: 15 (엠뷸런스) / 경찰서: 17

5. 추천 음식

✅ Ratatouille [하따뚜이]

프로방스 지역의 대표 요리인 라타투이는 가지, 호박, 피망, 토마토 등의 채소에 허브와 올리브 오일을 넣고 끓여 만든 채소 스튜로 우리나라에서는 라타투이로 알려져 있다. 라타투이는 메인 요리에 곁들여 먹거나 전채 요리 혹은 가벼운 식사로 먹으며, 남부에서는 전통적으로 로제 와인을 곁들인다고 한다.

✅ Foie gras [푸아 그하]

푸아그라는 프랑스어로 '살찐 간'이라는 뜻으로 거위의 지방간을 의미한다. 푸아그라는 프랑스에서 고급 식재료로 사랑받으며, 크리스마스나 새해 전날인 헤베이용 잔치의 식탁에 오르곤 한다. 일반적으로 얇게 저며 센불에 표면을 구워 당도 높은 와인과 함께 먹는다.

✅ Bœuf bourguignon [뵈프 부흐기뇽]
뵈프부르기뇽은 프랑스 부르고뉴 지역을 대표하는 쇠고기 스튜 요리이다. 프랑스 최고의 고기라고 일컫는 샤홀레 쇠고기에 부르고뉴 지역의 레드 와인을 넣고 장시간 푹 끓인 후 마늘, 양파, 버섯 및 다양한 허브와 향신료를 더해 만든다.

6. 추천 관광 명소(파리)

에펠탑 Tour Eiffel [뚜흐 에펠]

1889년 파리 만국박람회를 기념하여 건립된 에펠탑은 독일계 프랑스인 귀스타프 에펠이 설계하여 그의 이름이 붙었다. 안테나를 포함하여 총 높이가 320m나 되는 이 거대한 철탑은 프랑스 하면 제일 먼저 떠오르는 상징이 되었다. 겨울에는 아침 9시 30분부터 밤 11시까지, 여름에는 아침 9시부터 밤 12시까지 관람할 수 있다.

노틀담 대성당 Cathédrale Notre-Dame [꺄떼드할 노트흐 담]

시테섬에 위치한 노틀담 대성당은 1163년에 착공하여 총 공사 기간이 170년이나 걸려 3세기 후에야 완공되었다. 장엄한 고딕 건축 양식의 걸작품으로 노틀담은 성모 마리아를 지칭하며, '장미의 창'으로 알려진 9.6m 크기의 스테인드글라스가 특히 유명하다. 노틀담 대성당은 꼽추 카지모도와 에스메랄다의 사랑으로 유명한 빅토르 위고의 '노트르담 드 파리'의 무대로도 잘 알려져 있다. 2019년 화재로 인해 폐쇄되었다.

콩코드 광장 Place de la Concorde [쁠라쓰 드 라 꽁꼬흐드]

콩코드 광장은 18세기 '루이 15세 광장'으로 건설되었으나, 이후 프랑스 혁명을 거치면서 '혁명의 광장'으로 개칭되었던 역사를 가지고 있다. 건립 초기에 설치되었던 루이 15세 기마상은 혁명 당시 철거되고, 현재는 이집트의 오벨리스크가 위치해 있다. 루이 16세와 왕비 마리 앙뜨와네트, 혁명의 지도자 당통과 로베스피에르 등 1,119명이 이곳에서 단두대의 이슬로 사라졌다.

개선문 L'Arc de Triomphe [락끄 드 트히옹프]

나폴레옹 군대의 전승을 기념하기 위해 착공한 개선문은 착공한 지 30년 만인 1836년에 완성되었다. 개선문은 나폴레옹, 빅토르 위고의 장례식, 제1차 세계대전 승리 행진, 나찌의 파리 점령 행진 등이 열린 역사적 무대이기도 하다. 개선문 벽면에는 나폴레옹의 승전 부조와 함께 전쟁에서 공을 세운 600여 명의 장군들의 이름이 새겨져 있으며, 2004년에는 한국 전쟁 기념 동판이 바닥에 설치되었다.

Part 2. 가 볼 만한 프랑스 지역

✔ 몽생미셸 Mont Saint Michel

몽생미셸은 프랑스 서북부 노르망디 지방, 망슈 해안에 있는 작은 섬으로 1979년 유네스코 세계문화유산에 등재된 관광지이다. 이 섬의 관광 명소인 몽생미셸 수도원은 약 800여 년 간의 증개축의 기간 동안 로마네스크 양식, 고딕 양식의 회랑과 같이 당대의 건축 양식이 더해지면서 오늘날의 모습으로 자리잡았다. 현재 수도원으로 쓰이고 있지만, 섬 앞으로 조수 간만의 차가 큰 바다라는 천연적 지세 덕분에 한때 백년전쟁 기간 동안 요새 역할을 담당하였으며, 루이 11세 때는 감옥으로도 이용되었다.

✔ 에트르타 Etreta

노르망디 북부 지방의 알바트흐 해안에 위치한 에트르타는 코끼리 바위 절벽으로 유명한 해안 도시이다. 푸른 바다와 신비한 코끼리 모양의 절벽이 만들어내는 절경으로 에트르타는 인상파 창시자 화가 모네가 사랑했던 도시이자, 쿠르베, 부댕 등 예술가들이 자주 찾았던 곳

으로도 유명하다. 에트르타를 대표하는 총 3개의 코끼리 바위 중에, 2개의 바위를 에트르타 해안에서 볼 수 있다.

✔ 니스 Nice

프랑스 남쪽에 위치하여, 모나코와 이탈리아에 가까운 지중해의 항만 도시로 프랑스의 대표 휴양지인 니스는 연평균 온도가 15도인 만큼 온난한 기후를 가지고 있다. 대표 명소로는 4-5km에 걸쳐 지중해 해변 주변으로 펼쳐진 해변가, 피카소와 함께 20

세기 최고의 화가로 꼽히는 앙리 마티스 미술관, 강렬한 색채로 자신만의 세계를 구축한 마크 샤갈 미술관이 있다. 매년 2월 중순에는 2주간 그리스도교 축제인 카니발이 열린다.

⚜ 에즈빌리지 Eze Village

니스에서 한 시간 정도 버스를 타고 가면 니스와 모나코 사이에 위치한 남프랑스의 아름다운 중세 마을 에즈빌리지를 만날 수 있다. 에즈빌리지는 산 위에 위치한 중세 시대의 성으로 인해 '독수리 둥지의 마을'이라고도 불린다. 마을의 다수의 건물들이 산 절벽을 따라 지어졌으며, 돌 성 안의 상점들과 레스토랑은 중세 특유의 고풍스러운 느낌을 준다. 중세시대 모습을 그대로 유지하고 있는 마을 골목길을 따라 성벽 위로 올라가면 마치 히늘 있는 정원 같아서 이름 붙여진 '하늘 정원'이 있으며, 이곳에서 태양 아래 눈부시게 반짝이는 그림 같은 지중해를 한눈에 볼 수 있다.

⚜ 생폴드방스 Saint Paul de vence

프랑스 남동부 끝 지중해 연안에 위치한 생 폴 드 방스는 에즈빌리지와 마찬가지로 중세의 숨결을 간직하고 있는 역사 도시 중 하나이다. 16세기 건축물들이 오늘날까지 남아 있는 생 폴 드 방스의 이름은 방스 지방에 있는 생폴 마을인 이유에서 유래되었다. 한적하고 소담스러운 도시 분위기로 일찍이 마네, 르느와르, 샤갈 등 예술가들의 사랑을 받았고, 샤갈은 생을 마감할 때까지 생 폴 드 방스를 제2의 고향으로 여겼다.

⚜ 그라스 Grasse

그라스는 프랑스 남부에 위치한 도시이자 향수 제조의 중심지이다. 향수 제조 도시답게, 주 원료인 장미, 재스민 등 꽃과 오렌지 재배가 왕성하며, 1989년에 개관하여

3500m^2의 크기를 자랑하는 그라스 국제 향수 박물관은 향수의 역사를 고스란히 간직하고 있다. 그라스는 향수 외에도 비누, 올리브유 제조로도 유명하며, 18세기 화가 장-오노레 프하고나흐(Jean-Honoré Fragonard)가 태어난 곳이기도 하다.

🌂 모나코 Monaco

할리우드 스타 그레이스 켈리가 왕비로 있었던 나라로 널리 알려진 모나코는 프랑스 남동부 지중해에 있는 공국으로 세계에서 두 번째로 작은 나라이다. 헤라클라스가 지나간 곳이라는 전설을 가진 모나코 빌은 가파른 절벽 위에 세워져 마치 성채를 연상시킨다. 모나코 빌에서 보이는 모나코 항구에는 세금을 피해 모나코로 온 부호들의 호화로운 요트들이 가득 정박해 있다. 특히 모나코는 매년 5월에 개최되는 F-1 자동차 경기와 카지노로 유명하다.

🌂 오베르 쉬르 우아즈(고흐의 방) Auvers-sur-Oise

오베르 쉬르 우아즈는 파리에서 북쪽으로 40km 떨어진 일드 프랑스 지역의 작은 마을로 화가 빈센트 반 고흐가 자살로 생을 마감하기 전까지 머물렀던 곳으로 잘 알려져 있다. 고흐가 죽기 전 70여 일을 지낸 라부 여관은 오베르 쉬르 우아즈의 대표적인 관광지이며,

라부 여관 근처에는 고흐와 그의 동생 테오Théo의 무덤과, 작품 <까마귀가 있는 밀밭>, <오베르의 교회>, <도비니의 정원>의 배경이 된 장소가 있다.

🌂 지베르니 Giverny

파리 서쪽에 위치하여 한적하고 조용한 지베르니는 '수련의 화가'라고 불리는 화가

클로드 모네가 오랜 기간 작품 활동을 펼친 곳이자, 그의 집이 있는 마을로 유명하다. 모네의 집 주변으로 그의 대표작인 수련 연작의 배경이 된 '물의 정원'이 지하보도로 연결되어 있다. 모네는 43년 동안 지베르니에서 머물면서 <루앙 대성당>, <포플러 > 등의 다양한 작품을 남겼는데, 특히 빛의 움직임에 따라 변화하는

수련과 연못의 모습을 화폭에 담은 그의 대표작 '수련 연작' 중 8점을 이곳에서 완성했다.

☆여행 tip

↳ 지리적인 접근성이 좋은 몽생미셸, 에트르타/니스, 에즈빌리지, 생폴드방스, 그라스, 모나코/ 오베르 쉬르 우아즈, 지베르니를 함께 여행할 것을 추천한다. 특히, 몽생미셸과 에트르타, 오베르 쉬르 우아즈, 지베르니는 차량으로 이동시 당일치기 여행이 가능하니, 파리에만 머무르기보다 하루 정도 파리 근교나 다른 지역을 여행하면서 다채로운 프랑스를 경험해 보는 것이 어떨까?

Part 3. 프랑스의 교통 이용하기

프랑스의 교통 수단은 지하철métro, 파리와 파리 외곽(île de France)을 연결하는 RER, 지상으로 다니는 지상철 트람tram, 그리고 버스로 구성되어 있다. 프랑스의 수도이자 관광 도시인 파리는 지하철, RER, 트람, 버스가 모두 존재하지만, 마르세유, 리옹을 제외한 중소 도시에는 지하철 없이 트람, 버스가 있는 경우가 대부분이다. 우리의 지하철에 해당하는 파리의 메트로métro는 총 14개의 노선으로 이루어져 있다. 파리는 총 5존zone으로 구분되어 있는데, 메트로가 지나는 곳은 보통 1,2존에 해당하며 3존부터는 RER를 이용한다. RER는 앞서 언급한 바와 같이, 파리 시내와 파리 외곽을 연결하는 급행 열차로 A, B, C, D, E 총 다섯 개의 노선으로 구성된다. 1-2존과 3-5존 교통 요금이 다르기 때문에, 교통 수단을 이용할 때는 해당 존을 확인하고 표를 구입해야 한다.

*버스 노선 참고 사이트: http://www.ratp.fr/plan-interactif/cartebus.php?lang=uk
*지하철 노선 참고 사이트: http://www.plandeparis.info/metro-de-paris/ratp-metro.html

▲파리 외곽과 시내를 이어주는 RER

▲우리에게는 낯선 지상철, 트람

☆여행 tip   프랑스 교통 티켓 정보

 Ticket t+ : 지하철, RER, 버스, 트람 모두 사용 가능한 1회용 승차권으로 2023년 기준 한 장당 2.10€ 이다.

 까르네carnet: 1회용 승차권Ticket t+의 10장 묶음을 지칭한다. 티켓 한 장당 2.10€인데 반해, 까르네의 가격은 16.90€로 낱개 10장의 가격보다 저렴하다.

파리 비지트paris visite: 여행객을 위한 티켓으로 1, 2, 3, 5일 권으로 구성되며 1~3존, 1~5존 중에 선택하면 해당 기간 동안 무제한으로 교통을 이용할 수 있다. 이 티켓의 이점은 디즈니 랜드 및 개선문 입장권 할인 등 파리 관광지 할인 혜택을 받을 수 있다는 것이다.

나비고 카드carte Navigo: 우리의 교통카드에 해당하는 파리 교통카드로 관광객들은 보통 일주일권, 길게는 한달권을 사용하면 된다. 일주일권의 경우, 월요일부터 일요일까지 사용할 수 있으며, 요일 변경은 불가능하다. 모든 지하철역 창구에서 5유로 카드비만 내면 구입 가능하며, 구입 후 뒷면에 증명 사진을 붙이고 기계에서 교통 요금을 충전한 후 지하철, RER, 트람, 버스를 이용하면 된다.

[주의 사항] 프랑스에는 한국의 환승 시스템이 존재하지 않는다. 티켓 하나로 90분 안에 같은 교통 수단에 한하여 제한적으로 환승이 가능하다. 특히, 언제 어디에서 검표원을 만날지 모르니, 목적지에 도착하여 개찰구를 빠져나갈 때까지 티켓을 잘 소지하고 있어야 한다.

Part 4. 프랑스 먹거리

✅ 빵 및 디저트류

프랑스 여행 중 매 끼니를 레스토랑에서 해결하는 것이 다소 부담스러울 수 있다. 특히, 조식을 제공하지 않는 숙소에 머무를 경우 주변 빵집을 이용하는 것을 추천한다. 한국에도 입점해 있는 폴Paul과 브리오슈 도레Brioche Dorée는 우리의 파리바게트나 뚜레쥬르와 유사한 프랑스의 프랜차이즈 제과점이다. 폴과 브리오슈 도레 외에도, 파리의 모든 동네에는 크고 작은 빵집이 있다. 흔히, 프랑스 빵이라고 하면 제일 먼저 바게트와 크루아상을 떠올리게 되지만, 이 두 종류의 빵 이외에도 저렴한 가격에 맛도 일품인 빵들이 많으니, 프랑스 여행 시 꼭 한번 먹어 보자.

① Pain au chocolat [뺑 오 쇼꼴라]

직역하면 초콜릿이 들어간 빵으로, 크루아상 베이스에 초코칩 혹은 긴 모양의 초콜릿을 넣고 말아서 구운 빵이다. 크루아상 같은 페이스트리에 초콜릿이 들어가 있어 버터의 깊은 풍미와 초콜릿의 달콤함을 동시에 느낄 수 있다.

② Pain aux raisins [뺑 오 헤장]

raisin[헤장]은 프랑스어로 포도이며, 직역하면 포도가 든 빵을 의미한다. 초코릿 빵과 동일한 크루아상 베이스에 커스터드 크림과 건포도가 들어간 롤빵이다. 바삭한 페이스트리와 부드러운 커스터드, 그리고 달콤한 건포도의 조화가 환상적인 빵이다.

③ Chausson aux pommes [쇼쏭 오 뽐므]

프랑스어로 사과를 의미하는 pomme[뽐므]가 들어간 쇼쏭 오 뽐므는 잘게 썬 사과 조림이 들어간 작은 파이이다. 사과 조림을 감싸고 있는 페스트리에는 결이 나 있어, 마치 나뭇잎을 연상케 한다.

④ Macaron [마까홍]

알록달록한 색깔에 모양까지 예쁜 마카롱은 딸기, 초콜릿, 바닐라 등 그 맛도 다양해서 프랑스뿐만 아니라 전 세계에서 인기가 많다. 계란 흰자로 만든 머랭 크러스트 사이에 잼이나 가나슈, 버터크림 등을 채워서 만드는 마카롱은 그 제작 과정이 까다롭고 복잡하기 때문에 숙련된 장인 정신 없이는 만들 수 없는 고급 디저트이다. 실제로 습도나 온도에 매우 민감해서 모든 조건을 까다롭고 엄격하게 맞추어야만 좋은 마카롱을 만들 수 있다고 한다. 대표적인 브랜드로는 라듀레 LaDurée, 피에르 에르메Pierre Hermé, 포숑Fauchon이 있다.

❺ Éclair [에끌레흐]

프랑스어로 '번개'를 뜻하는 에끌레어는 그 맛이 길쭉한 모양의 슈크림과 유사하다. 실제로 반죽이 슈크림의 반죽과 비슷하며, 그 안에 들어가는 커스터드나 휘핑크림도 슈크림의 크림과 같다. 표면에는 보통 퐁당 아이싱 (fondant icing)이라고 부르는 초콜릿, 카라멜 등이 씌워져 있다. 요즘에는 퐁당 아이싱에 무늬를 넣거나 과일, 견과류와 같은 다양한 재료들을 접목하여 더 화려하고 맛있는 에끌레어들도 있다.

☆여행 tip

↳ 프랑스에서는 빵 오 쇼꼴라, 빵 오 헤쟁, 쑈송 오 뽐므와 같이 우유, 버터가 들어간 빵을 비에누아제리viennoiseries로 부르며, 주로 우유와 따뜻한 커피를 곁들여 조식이나 가벼운 간식으로 먹는다.

✔ 음료 및 주류

여행 중 잠시 휴식이 필요하거나, 프랑스의 일상을 느껴 보고 싶다면, 노천 카페café에 앉아 음료나 주류를 마시면서 잠깐의 여유와 함께 지나가는 프랑스인들을 보며 프랑스의 정취를 느껴 보는 것이 어떨까?

❶ 커피café

프랑스에서 café(까페)라는 단어는 커피숍(카페)과 커피 모두 의미한다. 일반적으로, 커피숍에서 '커피 한 잔 주세요(un café s'il vous plaît 앙 까페 씰부쁠레)'라고 말하면, 에스프레소를 준다는 것을 잊지 말자! 스타벅스와 같은 프랜차이즈가 아닌 일반 커피숍에서 우리에게 친숙한 아

메리카노를 발견하기 어렵다. 에스프레소를 꼭 한번 먹어 보는 것을 추천하지만, 부담스러운 관광객들은 아메리카노와 흡사한 café allongé(까페 알롱제)를 마셔 보자. 에스프레소에 물을 넣어 묽게 탄 연한 커피로, 일반적인 아메리카노보다는 조금 진한 편이지만 아메리카노에 가장 근접하다고 할 수 있다.

☆여행 tip
└→ 라테 café au lait[까페 오레], 핫초코 chocolat chaud[쇼꼴라 쇼], 차 thé[떼], 밀크티 thé au lait[떼 오레].

❷ 와인vin

프랑스 하면 가장 먼저 떠오르는 술은 단연 와인일 것이다. 풍부한 맛과 향의 레드 와인(vin rouge), 로맨틱한 로제 와인(vin rosé), 가볍고 산뜻한 화이트 와인(vin blanc), 달콤하고 톡톡 튀는 샴페인(champagne) 등 기분에 따라 골라 마셔 보자. 프랑스 일반 슈퍼에 가면 다양한 가격대와 다양한 종류의 와인을 쉽게 만날 수 있다. 또한 카페나 술집에서도 한 잔, 혹은 1/2, 1/4 병과 같이 원하는 분량의 와인을 부담없이 주문할 수 있다. 와인에 곁들일 수 있는 안주로는 단연 치즈를 추천한다.

❸ 뱅쇼vin chaud

따뜻한 와인(와인 vin, 따뜻한 chaud)을 뜻하는 뱅쇼는 레드 와인에 오렌지, 레몬, 시나몬 등을 넣고 끓인 프랑스 겨울 대표 음료이다. 프랑스 사람들은 겨울철 감기 예방 및 감기에 걸렸을 때 기력을 회복하기 위해 감기약 대용으로 가정에서 뱅쇼를 끓여 마신다. 각 가정마다 자신들만의 고유한 레시피가 있을 정도로 뱅쇼를 제조하는 방법은 다양하다. 와인을 끓이면서 알코올이 날아가기 때문에 술을 못 마시는 사람도 부담 없이 마실 수 있다.

☆여행 tip

↳ 프랑스 술은 와인만 있는 것이 아니다. 주로 식전주로 마시는 사과를 발효시켜 만든 사과주cidre[씨드흐]나 차가운 화이트 와인 또는 샴페인에 과일 시럽을 섞은 칵테일 끼르kir[끼흐]도 식전주로 제격이니 한번쯤 맛보길 추천한다.

▲사과주

▲끼르

☙ 프랑스에서 군것질하기

관광을 하다보면 출출해질 때가 있다. 아직 식사를 하기에는 조금 이르거나 간단하게 식사를 해결하고 싶을 때 길거리 음식을 먹어 보자.

❶ 파니니panini

파니니는 이탈리아어로 작은 빵을 뜻하지만, 오늘날 빵 안에 치즈, 햄, 야채 등을 넣은 차가운 샌드위치 혹은 그릴로 구운 따뜻한 샌드위치를 의미하게 되었다. 우리나라에도 어렵지 않게 맛볼 수 있는 파니니는 본디 이탈리아 음식이지만, 프랑스 어디에서나 쉽게 접할 수 있는 대중적인 음식 중 하나이다. 치즈와 햄, 토마토를 넣은 파니니, 참치를 넣은 파니니, 볼로네즈 소스를 넣은 파니니 등 다양한 종류의 파니니를 폴 Paul 이나 브리오슈 도레 Brioche Dorée 와 같은 프랜차이즈 제과점 혹은 노점, 일반 제과점에서도 쉽게 먹을 수 있다.

❷ 크레페crêpe

우리에게 '크레페'로 친숙한 이 음식은 밀가루 반죽을 얇게 펴 발라 구운 팬케이크의 일종으로 누텔라 초코크림이나 잼, 설탕, 생크림, 아이스크림 등과 함께 먹는다. 프랑스를 대표하는 디저트인 크레페는 프랑스 주요 관광지 주변에 있는 노점에서 쉽게 먹을 수 있다. 크레페는 우리에게 흔히 디저트로만 알려져 있지만, 프랑스에서는 디저트로 먹는 단 크레페crêpe sucrée[크헤프 쉬크헤]와 식사 대용으로 먹는 짠 크레페crêpe salé[크헤프 쌀레]로 나뉜다. 식사용으로 먹는 크레페는 (메밀로 만든 크레페를 갈렛뜨galette라고 부른다) 구운 반죽에 치즈, 햄, 계란 등을 곁들여 식사 대용으로 먹는다.

☆여행 tip 파니니 맛집 정보

↳ⓜ10 Cluny La Sorbonne역 맥도날드 바로 옆에 파니니와 크레페를 파는 조그만 가게가 있다. 소르본 대학 근처라 학생들이 늘 줄지어 서 있으며, 오직 테이크 아웃만 가능하다. 세트 메뉴를 구입하면 대략 4유로 대에 음료와 파니니를 먹을 수 있는 저렴한 현지 맛집이다.

⚓ 한국 식당

한국 사람들은 밥심으로 산다고 할 만큼 밥을 주식으로 삼는 민족이다. 식습관이 서구화되었지만 외국 여행 중에 가장 생각나는 음식이 바로 한식일 것이다. 서양식 식사가 맞지 않는 분들, 혹은 한국 음식이 그리운 분들은 파리 중심가에 위치한 한국 식당으로 가 보자. 외국의 한국 식당들은 맛에 비해 가격이 비싼 경우가 종종 있는데, 요즘 파리에는 맛과 가격을 모두 만족시켜주는 개성 있는 한식당들이 생겨나고 있다.

❶ 에이스 벤또Ace bento

파리의 한인 슈퍼, 에이스 마트에서 운영하는 한국 식당이다. 불고기, 제육볶음 등의 메인 요리에 다섯 가지 밑반찬, 맑은 된장국, 그리고 과일 디저트까지 모두 10유로가 되지 않는 가격이다. 저렴한 가격대지만 여느 한식당의 음식과 비교하여도 밀리지 않는 맛과 질을 자랑한다. 주문 즉시 요리를 받아 자리에서 먹을 수 있지만, 가게가 작은 편이므로 사람이 붐비는 식사 시간대에는 포장하는 것이 좋다. 부담 없는 돈으로 든든

한 한식을 먹고 싶다면 주저 말고 에이스 벤또로 가자. 바로 근처에는 프랑스에서 제일 큰 한인 슈퍼 케이마트도 있으니, 식사 후 잠시 들러 보는 것도 재미있는 경험일 것이다.

주소: 18 Rue Thérèse 75001 Paris
ⓜ3, ⓜ7, ⓜ8 Opéra역, ⓜ14 Pyramides역
영업 시간: 12:00 - 22:15

❷ 테이크 아웃 비빔밥집 마키친Ma Kitchen

한류의 중심에는 k-pop만 있는 것이 아니다. 프랑스에 불고 있는 한류 열풍 중심에는 '테이크 아웃 비빔밥'도 있다. 신선한 야채와 밥, 프랑스인들의 입맛까지 고려한 다양한 고명들로 만든 비빔밥의 인기는 점심 시간만 되면 가게 밖에까지 길게 이어지는 줄만 보아도 알 수 있다. 가격도 합리적이나. 프랑스 미디어에도 소개된 바 있는 마키친은 최근 2호점을 내면서 그 인기를 실감하게 했다. 테이크 아웃 한 비빔밥을 들고 주변 공원에서 피크닉을 해 보는 것도 이색적인 경험이 될 것이다.

주소: 85 Rue d'Hauteville, 75010 Paris
ⓜ2 Poissonnière
영업 시간: 월~금12:00 - 14:30

Part 5. 프랑스 쇼핑

오래전부터 프랑스는 유행의 중심지이며, 패션, 헤어, 화장품, 고급 브랜드를 떠올릴 때, 가장 먼저 생각나는 나라이다. 요즘 관광객들은 단순히 관광에만 목적을 두지 않고 쇼핑을 위해 프랑스를 방문하는 경우가 많다. 한국에서 고가의 물품들을 면세된 가격으로 구입할 수 있기에 알뜰 쇼핑족들은 프랑스 여행 일정에 꼭 백화점, 아울렛을 추가한다.

✔ 파리 백화점

① 갤러리 라파예트Galerie Lafayette

파리 9구 오스만 거리에 위치하여 파리에서 가장 큰 규모를 자랑하는 갤러리 라파예트는 1895년 개점하여, 파리를 대표하는 백화점으로 자리잡았다. 규모와 명성에 걸맞게 라파예트 앞에는 매일 관광객을 가득 태운 버스가 쉼없이 오간다. 수만 개의 브랜드가 입점해 있고 매달 천만 명의 방문객이 찾는 라파예트는 남성, 여성 패션관, 인테리어관이 분리되어 있다. 아르누보 양식으로 치장된 백화점 내부 장식과 화려한 스테인드글라스로 꾸며진 초대형 돔은 프랑스 최고 백화점 라파예트의 위용을 보여준다. 방문객의 절반 이상을 차지하는 동양인들의 편의를 위해, 중국어, 한국어를 구사하는 직원을 두고 있으며, 한국어 쇼핑 안내서가 제공된다.

주소: 40 Boulevard Haussmann 75009 Paris

Ⓜ7, Ⓜ9 Chaussée d'Antin La Fayette역

② 프렝땅Printemps

라파예트 백화점과 가까운 거리에 있는 백화점인 프렝땅 백화점은 건물 자체가 프랑스 문화유산으로 지정되어 있을 만큼 아름답고 우아한 외관을 가지고 있다. 특히, 프렝땅 여성복 매장은 세계에서 가장 많은 브랜드가 입점

하고 있다. 상품의 양과 질적인 면에서 라파예트에 전혀 뒤지지 않으며, 근처에 있는 라파예트에 비해 한산한 편이라, 쾌적한 쇼핑을 할 수 있다는 이점이 있다.

주소: 64 Boulevard Haussmann 75009 Paris

ⓜ7, ⓜ9 Chaussée d'Antin La Fayette역

❸ 봉 마르쉐Le bon marché

에밀 졸라의 소설 '여인들의 천국'의 배경으로도 유명한 봉 마르쉐 백화점은 1852년

에 오픈한 파리 최초의 백화점으로 알려져 있으며, 압구정 갤러리아가 리뉴얼 할 때 모티브로 삼았던 곳이 기도 하다. 초기의 소박하고 서민적 인 분위기는 이후 고급스럽게 변화 하였으며, 백화점 중간에 위치한 교 차하는 에스컬레이터는 봉 마르쉐 를 상징하는 공간이 되었다. 파리 7 구 부촌에 위치한 봉 마르쉐의 방문객들은 라파예트나 프렝땅과 달리, 현지인들이 대 다수이다. 사람들이 북적이지 않는 공간에서 파리지앵이 되어 여유로운 쇼핑을 원하 신다면, 봉 마르쉐를 추천한다.

주소: 24 Rue de Sèvres 75007 Paris

ⓜ10, ⓜ12 Sèvres-Babylone역

❹ 베아슈베BHV

인테리어 용품에 관심이 많다면, BHV를 가 보자. 본래 집안 용품을 파는 백화점이었

던 BHV는 오랜 세월 집을 꾸미는 것을 좋아하는 파리지엥들의 사랑 을 받아 왔다. 현재, BHV는 DIY 제 품, 가정용 인테리어 소품, 주방 용 품, 가정용 수리 도구뿐 아니라 패 션 아이템, 화장품 등의 다양한 물 품들을 구비하고 있는 트랜디한 백 화점으로 평가받고 있다. 특히, 관광객이라면 BHV 방문 시 여권을 가져가자. 투어리 스트 10% 추가 할인 혜택을 받을 수 있다.

주소: 52, rue de Rivoli 75004, Paris

ⓜ1, ⓜ11 Hôtel de ville역

✅ 아울렛 - 라발레 빌리지 La vallée village

파리의 라파예트, 프렝땅만큼 쇼핑의 메카로 알려진 장소가 바로 라발레 빌리지이다. 5존에 위치한 라발레 빌리지는 파리에서 RER A선을 타고 1시간 정도 가야 한다. 고급 브랜드 의류, 식구류 및 침구류 매장이 있는 아울렛으로 할인율은 정가의 33% 정도, 세일 기간에는 최대 70% 이상의 할인율로 상품을 구입할 수 있다. 여기에, 한 매장에서 175유로 이상 구입 시 12프로의 텍스 리펀 혜택을 추가로 받을 수 있다. 저렴한 가격으로 양질의 물건을 구입할 수 있는 라발레 빌리지는 쇼핑족들에게 쇼핑 파라다이스로 여겨진다. 라발레 빌리지 가장 안쪽에 있는 인포센터에 가서 비자 혹은 삼성 카드를 제시하면 10% 할인 쿠폰북을 받을 수 있지만 일부 품목(특히 세일이 적용된 품목)에는 사용할 수 없는 것을 참고하자.

주소 : 3cours de la Garonne 77700 Serris

RER A Val d'Europe역

✅ 약국 화장품 구매 - 몽쥬 약국

프랑스 약국 화장품의 인기가 시작된 곳이, 바로 몽쥬 약국이라 할 수 있다. 몽쥬 약국은 파리 관광객이라면 모르는 사람이 없을 정도로, 파리 관광 시 꼭 들려야 하는 장소로 꼽힌다. 해마다 늘어가는 한국인 관광객으로 한국어를 구사하는 직원까지 배치한 몽쥬 약국에서 175유로 이상 구입 시 현장에서 바로 15%의 텍스 리펀의 혜택을 받을 수 있다. 한국보다 절반 이상 저렴한 가격으로 프랑스 약국 화장품을 구매할 수 있으므로, 관광객들은 양손 가득 물건을 들고 약국을 나서는 경우가 대다수다. 단, 주의할 점은 텍스 리펀 시 받은 서류를 잘 보관하고 있다가, 귀국할 때 공항에서 리펀 서류에 도장을 찍고 우편봉투에 잘 봉인해 배치된 우체통에 넣어야 비로소 텍스 리펀 과정을 모두 완료하였다고 할 수 있다는 점이다.

주소: 74 Rue Monge 75005 Paris

Ⓜ7 Place Monge역

✅ 프랑스 세일 기간

프랑스는 여름과 겨울에 대대적인 세일에 들어간다. 세일 기간은 약 2달 정도이며, 세일 첫 주에 시작되는 30% 정도의 할인율로 후반부에 이르면 최대 70%에 다다른다. 지역마다 약간의 차이가 있지만, 통상적으로 1월~2월, 6월~7월이 세일 기간에 해당된다. 특이한 점은, 프랑스는 매년 세일 기간에 관한 정보를 미디어를 통해 대대적으로 알려준다는 것이다. 세일 기간에 프랑스를 방문하고자 하는 분들은 미리 세일 일정을 체크하는 것을 잊지 말자!

✔ 텍스 리펀

프랑스에서 일정 금액 이상의 물건을 구입 시 텍스 리펀을 신청할 수 있다. 물건을 결제할 때, 상점에 여권을 제시하고, 카드 혹은 현금으로 텍스 리펀을 받을 것인지 선택만 하면 끝! 카드로 리펀을 받을 경우, 공항에 있는 Détaxe/Tax Refund 창구에서 텍스 리펀 영수증에 스탬프를 받거나, 요즘에는 창구 옆에 생긴 텍스 리펀 바코드 기계에 영수증 바코드를 찍어 간단하게 처리할 수 있다. 마지막으로 텍스 리펀 받은 영수증을 봉투에 잘 봉인해 창구 옆에 있는 우편함에 넣으면 끝!(물건 구입 시 영수증  과 리펀 서류를 넣어 주는 봉투를 버리면 안 된다. 또한, 리펀을 담당하는 회사마다 각자의 우체통을 가지고 있으므로, 봉투에 적힌 회사 이름과 일치하는 우체통을 확인하고 봉투를 넣어야 한다.) 돈이 들어오는 기간은 한달 남짓이다. 현금의 경우에는, 카드 리펀의 경우와 모든 절차는 동일하나, 영수증을 우체통에 넣지 않고 Bureau de Change 창구에 보여 주면 바로 현금을 받을 수 있다. 카드에 비해, 현장에서 현금을 받을 수 있는 이점이 있는 반면 대기 시간이 꽤 길다는 불편함이 있다.

프랑스어를 사용하는 국가

스위스, 벨기에 여행 정보 Tip

✈ 스위스

스위스 바로 알고 가기

1. **수도** : Bern 베른
2. **화폐** : CHF[스위스 프랑]
3. **주 스위스 대사관 주소 및 연락처**
- 주소: Kalcheggweg 38, P.O.Box 301, 3000 Bern 15, Switzerland.
- 연락처: +41-(0)31- 356-2444

4. 긴급 전화
긴급 의료 서비스: 144 / 경찰서: 117

5. 추천음식
✔ Fondue [퐁뒤]

"녹이다"라는 뜻의 프랑스어 '퐁드흐 (fondre)'에서 비롯한 이름인 퐁듀는 스위스의 대표적인 요리로 두세 가지 치즈를 녹인 소스에 한 입 크기로 자른 빵, 고기 등을 찍어 먹는다.

✔ Raclette [하끌렛]

"긁어내다"라는 뜻의 프랑스어 '하끌레흐 (racler)'에서 그 이름이 유래된 하끌렛은 스위스 발레 지역의 치즈인 '하끌렛'을 뜨거운 그릴에 녹여 감자, 햄, 오이 피클 등과 함께 먹는 스위스 전통 요리이다. 짭짤하고 고소한 치즈와 삶은 감자의 조화가 일품이며, 한국인의 입맛에도 잘 맞는다.

6. 추천 관광 명소(제네바)

✔ 레만 호수 Le lac Léman [르락레망]

제네바 하면 빠질 수 없는 레만 호수는 스위스와 프랑스에 접한 드넓은 호수이다. 제트 분수가 하늘 높이 솟아오르는 레만 호수의 이미지는 제네바의 상징이다. 호숫가 주변으로 몽블랑 호반 거리를 걸으며 프랑스의 몽블랑 산을 바라볼 수 있고, 여름철에 문을 여는 레만 호수 수영장에서는 알프스 산을 바라보며 수영을 즐길 수도 있다. 깨끗한 자연 속의 제네바를 즐기기 위해 꼭 가봐야 할 명소이다.

✔ 쌩피에르 사원 Cathédrale Saint-Pierre [꺄테드할 쌩 삐에흐]

고딕 양식의 쌩 피에르 사원은 제네바 종교 개혁의 상징이다. 16세기에 칼뱅이 이곳에서 몸담으며 종교 개혁에 앞장섰고, 그 영향은 제네바 주변 지역까지 미쳤다. 사원 한 켠에는 칼뱅이 직접 신학 강의를 하던 장소가 남아 있으며, 사원의 탑에서는 제네바 시내와 레만 호수, 알프스를 한눈에 바라볼 수 있다.

✈ 벨기에

벨기에 바로 알고 가기

1. 수도 : Bruxelles 브뤼셀

2. 화폐 : Euro [유로]

3. 주 스위스 대사관 주소 및 연락처

-주소: Chaussée de la Hulpe 173-175, 1170 Brussels(Watermael-Boitsfort), Belgium.

-연락처: +32-(0)2-675-5777

4. 긴급 전화

긴급 의료 서비스: 100 / 경찰서: 101

5. 추천 음식

✔ Gaufre [고프흐]

우리나라에는 와플이라는 이름으로 잘 알려진 고프흐는 벨기에 어느 지역에서나 쉽게 접할 수 있으며, 여러가지 과일과 시럽, 생크림 등을 곁들여 먹는 벨기에를 대표하는 디저트이다.

✔ Moules Frites [물 프히뜨]

홍합과 감자튀김이라는 뜻의 물 프히뜨는 이름 그대로 냄비에 한가득 끓인 홍합과 감자튀김을 함께 먹는 음식이다. 화이트와인과 버터, 향신료의 풍미가 가득한 홍합은 홍합 껍데기를 이용해 살을 빼먹고 감자튀김은 마요네즈에 찍어 먹는다.

6. 추천 관광 명소(브뤼셀)

✎ 오줌싸개 소년 Le gamin qui pisse [르가망 끼 삐쓰]

오줌싸개 소년은 브뤼셀의 상징으로 60㎝ 정도 크기의 작은 청동상이다. 네덜란드어 정식 명칭은 « Manneken-Pis(마네캥피스) »이며, 전세계의 국빈들이 벨기에를 방문할 때 오줌싸개 소년의 의상을 선물로 가져오는 것이 관례가 되었다.

✎ 예술의 언덕 Mont des Arts [몽 데 자흐]

예술의 언덕은 브뤼셀 최고의 전망을 자랑하는 곳으로 항상 사람들이 붐비는 명소이다. 특히, 화려하게 꾸며진 정원과 벨기에풍 건축물로 유명한 곳이다.

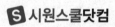